Weber
Prüfungstraining für Bilanzbuchhalter
Band 2

# Zusätzliche digitale Inhalte für Sie!

**Zu diesem Buch stehen Ihnen kostenlos folgende digitale Inhalte zur Verfügung:**

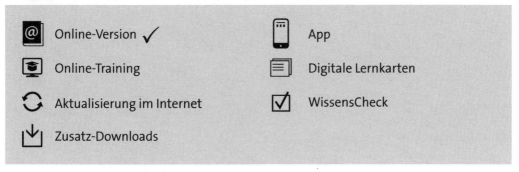

| | |
|---|---|
| @ Online-Version ✓ | 📱 App |
| Online-Training | Digitale Lernkarten |
| Aktualisierung im Internet | WissensCheck |
| Zusatz-Downloads | |

**Schalten Sie sich das Buch inklusive Mehrwert direkt frei.**

Scannen Sie den QR-Code **oder** rufen Sie die Seite **www.nwb.de** auf. Geben Sie den Freischaltcode ein und folgen Sie dem Anmeldedialog. Fertig!

---

**Ihr Freischaltcode**

SLEY-OJQB-NYKH-BWQH-GYJX-D

www.nwb.de

NWB Bilanzbuchhalter

# Prüfungstraining für Bilanzbuchhalter

Band 2:
- ► Jahresabschluss aufbereiten und auswerten
- ► Finanzmanagement
- ► Kosten- und Leistungsrechnung
- ► Internes Kontrollsystem

Von
Steuerberater Dipl.-Finanzwirt (FH) Martin Weber

11., vollständig überarbeitete Auflage

Kein Produkt ist so gut, dass es nicht noch verbessert werden könnte. Ihre Meinung ist uns wichtig! Was gefällt Ihnen gut? Was können wir in Ihren Augen noch verbessern? Bitte verwenden Sie für Ihr Feedback einfach unser Online-Formular auf:

www.nwb.de/go/feedback_bwl

Als kleines Dankeschön verlosen wir unter allen Teilnehmern einmal pro Quartal ein Buchgeschenk.

ISBN 978-3-482-**66801**-2

11., vollständig überarbeitete Auflage 2018

© NWB Verlag GmbH & Co. KG, Herne 1980
www.nwb.de

Satz: Griebsch & Rochol Druck GmbH, Hamm
Druck: medienHaus Plump GmbH, Rheinbreitbach

# VORWORT ZUR 11. AUFLAGE

Mit der vorliegenden 11. Auflage des Prüfungstrainings für Bilanzbuchhalter, Band 2, wurden die Aufgaben und Lösungen an den derzeit prüfungsrelevanten Rechtsstand angepasst. Es wurden gegenüber der Vorauflage zahlreiche neue Aufgaben aufgenommen. Da das Buch neben der reinen Prüfungsvorbereitung auch der Auffrischung und Wiederholung dienen soll, sind einige wenige Aufgaben vorhanden, die für die Bilanzbuchhalterprüfung nach dem Rahmenplan nicht relevant sind. Diese sind folgendermaßen gekennzeichnet:

(1) Zusatzaufgabe ohne Bezug zur Prüfungsverordnung vom 26. 10. 2015 (VO 2015).

Damit hat der Autor ein aktuelles und umfassendes Hilfsmittel für die Fächer „Jahresabschlüsse aufbereiten und auswerten", „Finanzmanagement des Unternehmens wahrnehmen, gestalten und überwachen", „Kosten- und Leistungsrechnung zielorientiert anwenden" sowie „Ein internes Kontrollsystem sicherstellen" der Bilanzbuchhalterprüfung erstellt (Aufgaben zu den weiteren Handlungsbereichen werden in Band 1 behandelt). Die 118 Übungsaufgaben orientieren sich am offiziellen Rahmenplan und an ehemaligen Klausuraufgaben. Durch die Angabe von Punkten, einer Zeitvorgabe für jede Übung und die ausführlichen Lösungshinweise ist mit diesem Buch ein optimales Training möglich. Außerdem sind die Aufgaben in drei verschiedene Schwierigkeitsgrade eingeteilt, sodass eine bessere Einschätzung der eigenen Leistung möglich ist.

Die einzelnen Stufen werden folgendermaßen dargestellt:

* einfache Aufgaben

** mittlere Aufgaben

*** schwere Aufgaben

Außer für Bilanzbuchhalter ist dieses Buch auch als Prüfungsvorbereitung für Studenten an Universitäten und Fachhochschulen sowie zur Vorbereitung auf die Steuerfachwirtprüfung geeignet, da dort in den oben genannten Fächern meist ein ähnlicher Themenkreis geprüft wird. Auch für Praktiker der Finanzverwaltung, der Steuerberatung und des Rechnungswesens kann dieses Buch als Auffrischungs- oder Wiederholungskurs dienen.

Für Anregungen und Hinweise zu diesem Werk ist der Autor auch in Zukunft dankbar.

München, im Januar 2018                                                                 Martin Weber

# INHALTSVERZEICHNIS

# ABKÜRZUNGSVERZEICHNIS

## A

| | |
|---|---|
| A | Annuität |
| $A_0$ | Anschaffungsauszahlung |
| AbF | Abzinsungsfaktor |
| Abs. | Absatz |
| AG | Aktiengesellschaft |
| AG-Anteil | Arbeitgeberanteil |
| AK | Anschaffungskosten |
| aLL | aus Lieferung und Leistung |
| Aufw. | Aufwendungen |
| AV | Anlagevermögen |

## B

| | |
|---|---|
| B | rechnerischer Wert des Bezugsrechts |
| BAB | Betriebsabrechnungsbogen |
| Bestandsmehr. | Bestandsmehrung |
| Bestandsmind. | Bestandsminderung |
| Bestandsver. | Bestandsveränderungen |
| BGB | Bürgerliches Gesetzbuch |

## C

| | |
|---|---|
| $C_0$ | Kapitalwert |

## D

| | |
|---|---|
| DSF | Diskontierungssummenfaktor (Barwertfaktor) |

## E

| | |
|---|---|
| E & E Steuern | Steuern vom Einkommen und Ertrag |
| Eigenl. | Eigenleistung |
| EK | Eigenkapital |
| Ertr. | Erträge |

## F

| | |
|---|---|
| FK | Fremdkapital |

## G

| | |
|---|---|
| ggü. | gegenüber |
| GK | Gesamtkapital |

| | |
|---|---|
| GmbH | Gesellschaft mit beschränkter Haftung |
| GuV-Rechnung | Gewinn- und Verlustrechnung |

## H

| | |
|---|---|
| HGB | Handelsgesetzbuch |
| HK | Herstellungskosten |

## I

| | |
|---|---|
| i. H. von | in Höhe von |
| IKS | internes Kontrollsystem |
| imm. | immaterielle |

## J

| | |
|---|---|
| JÜ | Jahresüberschuss |

## K

| | |
|---|---|
| K | Kosten |
| kalk. | kalkulatorisch/e |
| KD | Kapitaldienst |
| KG | Kommanditgesellschaft |
| KGaA | Kommanditgesellschaft auf Aktien |
| km | Kilometer |
| Kostenrechn. | Kostenrechnung |
| KST | Kostenstelle |
| kum. | kummuliert/e |
| kurzfr. | kurzfristig/e |
| KWF | Kapitalwiedergewinnungsfaktor; Annuitätenfaktor |

## L

| | |
|---|---|
| langfr. | langfristig/e |
| Lkw | Lastkraftwagen |

## M

| | |
|---|---|
| m | Meter |
| Min. | Minute |
| Mio. | Million |

## N

| | |
|---|---|
| Nr. | Nummer |

## O

| | |
|---|---|
| OHG | Offene Handelsgesellschaft |

## P

| | |
|---|---|
| p. a. | per anno |
| Pkw | Personenkraftwagen |

## Q

| | |
|---|---|
| qm | Quadratmeter |

## R

| | |
|---|---|
| r | Effektivzinssatz, Rendite, Rentabilität |
| RHB | Roh-, Hilfs- und Betriebsstoffe |
| RVF | Restwertverteilungsfaktor |

## S

| | |
|---|---|
| Std. | Stunde |

## T

| | |
|---|---|
| T€ | Tausend Euro |

## U

| | |
|---|---|
| USt | Umsatzsteuer |

## V

| | |
|---|---|
| Verb. | Verbindlichkeiten |
| verrechn. | verrechnet/e |
| VGS | Vermögensgegenstände |

# A. Einleitung

Zu Anfang dieses zweiten Bandes sollen analog zur Vorgehensweise in Band 1 die zwei fiktiven Unternehmen vorgestellt werden, die Ihnen bei den Fällen immer wieder begegnen werden. Gehen Sie davon aus, dass Sie als Bilanzbuchhalter/in in diesen Unternehmen arbeiten und die Aufgaben aus der Sicht dieser Unternehmen zu lösen haben. Dabei ist zu beachten, dass die einzelnen Aufgaben unabhängig voneinander sind.

Die angegebenen Lösungen können keinen Anspruch auf Vollständigkeit erheben, sodass auch andere oder ähnliche Antworten richtig sein können.

## I. Personengesellschaft

| Abraham OHG |
| --- |

An der Abraham OHG sind die Gesellschafter Martin Lange, Annelene Abraham, Kai Schweers und Uta Johannsen zu jeweils $^1/_4$ beteiligt.

Die OHG ist ein Großhandelsunternehmen mit Sitz in Hamburg. Sie verfügt außerdem noch über Betriebsstätten in Berlin, Frankfurt und München. Das Betriebsgelände in Hamburg ist Eigentum der OHG. Das Gelände in München ist Eigentum der Gesellschafterin Uta Johannsen und von dieser an die OHG vermietet. Die beiden anderen Grundstücke sind von örtlichen Immobiliengesellschaften gemietet.

Die Gesellschaft handelt mit Artikeln der Haushalts- und Unterhaltungselektronik. Die Handelswaren werden weltweit bezogen und national weiterveräußert.

Die OHG ist nicht nach dem Publizitätsgesetz zur Rechnungslegung verpflichtet.

## II. Kapitalgesellschaft

| Maschinenbau AG |
| --- |

Die Maschinenbau AG ist ein Industrieunternehmen mit (Verwaltungs-)Sitz in Düsseldorf. Die Produktionsstätte befindet sich seit 1988 in Duisburg. Beide Grundstücke sind Eigentum der Aktiengesellschaft. Zusätzlich besteht seit dem Jahr 1991 eine Betriebsstätte in Dresden und ein Auslieferungslager in Mailand. Zum Unternehmen gehört außerdem eine Forschungs- und Entwicklungsabteilung, die sich mit neuen Fertigungsverfahren und Produktinnovationen beschäftigt. Grundlagenforschungen werden seitens der Maschinenbau AG nicht betrieben.

Die Werkstoffe für die Produktion werden zum großen Teil aus dem Inland bezogen. Außerdem werden Rohstoffe aus der Europäischen Union importiert. Die fertigen Erzeugnisse werden weltweit verkauft.

Die Aktien der Maschinenbau AG werden an der Frankfurter Börse gehandelt. An der AG sind folgende Aktionäre beteiligt:

▶ Hauke Mees                                                                   30 %
▶ Edith Sievert                                                                26 %
▶ Wiebke Bracker                                                               10 %
▶ Streubesitz                                                                  34 %

## III.  Angaben für beide Gesellschaften

Das Geschäftsjahr beider Unternehmen entspricht dem Kalenderjahr. Die Bilanzaufstellung erfolgt jährlich am 15. März zum 31. 12. des Vorjahrs. Die Handelsbilanz soll soweit wie möglich der Steuerbilanz entsprechen. Weicht der zu besteuernde Gewinn unvermeidlich ab, wird dieses außerhalb der handelsrechtlichen Buchführung und des Abschlusses dargestellt. Die Gewinn- und Verlustrechnung wird nach dem Gesamtkostenverfahren aufgestellt.

Wirtschaftliche Verflechtungen mit anderen Unternehmen bestehen nicht, sodass nur ein Einzelabschluss aufzustellen ist.

Die bei den Aufgaben angegebenen Punktzahlen beziehen sich auf eine Klausur von 240 Minuten Dauer (Regel gemäß neuer Prüfungsverordnung vom 26. 10. 2015).

# B. Jahresabschluss aufbereiten und auswerten

FALL

## Fall 1   Organisation 1[1]
**5 Punkte**            *            **12 Minuten**

Die Aufbauorganisation eines Unternehmens kann durch ein Organigramm grafisch dargestellt werden.

a) Skizzieren Sie das Organigramm der Abraham OHG nach den folgenden Angaben:

- Geschäftsführung

- Stabsabteilung der Geschäftsführung: Recht

- Fachbereiche: Handel, Verwaltung

- Linienabteilungen:

    - Einkauf, Verkauf, beide dem Handel unterstellt

    - Rechnungswesen, Organisation, beide der Verwaltung unterstellt

b) Erklären Sie die Funktion einer Stabsstelle.

c) Die Maschinenbau AG ist nach dem Matrixsystem organisiert. Skizzieren Sie das Organigramm nach den folgenden Angaben:

- Vorstand

- Produktbereiche: Industriemaschinen, Haushaltsmaschinen, Büromaschinen

- Abteilungen: Einkauf, Produktion, Vertrieb, Verwaltung

Die Lösung finden Sie auf Seite 91.

FALL

## Fall 2   Organisation 2[1]
**5 Punkte**            **            **12 Minuten**

Im Rahmen der Organisation sind verschiedene Begriffe zu unterscheiden, die hier zu erklären sind:

a) Organisation, Disposition, Improvisation

b) Aufbauorganisation, Ablauforganisation

c) Stellen, Abteilungen

Die Lösung finden Sie auf Seite 91.

## Fall 3 Organisation 3[1]
### 2 Punkte * 5 Minuten

Innerhalb der Organisation eines Unternehmens spielen Stellenbeschreibungen eine große Rolle.

Für die Mitarbeiterin der Maschinenbau AG, Frau Mees, soll eine solche Stellenbeschreibung erstellt werden. Nennen Sie fünf Themenbereiche, die geregelt werden müssen.

Die Lösung finden Sie auf Seite 92.

## Fall 4 Strukturbilanz 1
### 19 Punkte ** 45 Minuten

Die Maschinenbau AG möchte aus den Angaben des Jahresabschlusses 2017 eine Strukturbilanz für die Jahre 2017 und 2016 erstellt haben. Aus diesen Bilanzen sollen dann folgende Kennzahlen für beide Jahre ermittelt werden (stille Reserven werden nicht berücksichtigt):

a) Anlagenintensität

b) Anlagendeckungsgrad I

c) Anlagendeckungsgrad II

d) Arbeitsintensität (Umlaufintensität)

e) Liquidität 2. Grades

f) Eigenkapitalquote

g) Verschuldungsgrad

h) Eigenkapitalrentabilität (nur für 2017)

i) Gesamtkapitalrentabilität (nur für 2017)

| A. Bilanz (Angaben in T€) | | | 2017 | 2016 |
|---|---|---|---|---|
| Aktiva | | | | |
| A. | Anlagevermögen | | | |
| | I. | Sachanlagen | 19.951 | 19.361 |
| | II. | Finanzanlagen | 2.178 | 2.286 |
| B. | Umlaufvermögen | | | |
| | I. | Vorräte | 5.328 | 7.264 |
| | II. | Forderungen | 3.159 | 6.213 |
| | III. | Wertpapiere | 4.767 | 578 |
| | IV. | liquide Mittel | 998 | 471 |

Passiva

| | | | | | |
|---|---|---|---|---|---|
| A. | Eigenkapital | | | | |
| | I. | gezeichnetes Kapital | | 4.500 | 3.600 |
| | II. | Kapitalrücklage | | 1.200 | 0 |
| | III. | Gewinnrücklagen | | 7.686 | 6.920 |
| | IV. | Bilanzgewinn | | 800 | 750 |
| B. | Rückstellungen | | | | |
| | 1. | Steuerrückstellungen | | 35 | 126 |
| | 2. | sonstige Rückstellungen | | 2.196 | 1.953 |
| C. | Verbindlichkeiten | | | | |
| | 1. | Verbindlichkeiten ggü. Kreditinstituten | | 14.326 | 12.319 |
| | | davon < 1 Jahr | (3.728) | | (6.378) |
| | | davon > 5 Jahre | (8.475) | | (4.591) |
| | 2. | Verbindlichkeiten aLL | | 2.496 | 5.978 |
| | | davon < 1 Jahr | (2.319) | | (5.978) |
| | 3. | sonstige Verbindlichkeiten | | 3.142 | 4.527 |
| | | davon < 1 Jahr | (3.142) | | (4.527) |

| B. GuV (Auszug – Angaben in T€) | 2017 | 2016 |
|---|---|---|
| Ergebnis der gewöhnl. Geschäftstätigkeit | 2.088 | 2.027 |
| Steuern vom Einkommen und Ertrag | - 897 | - 911 |
| Jahresüberschuss | 1.191 | 1.116 |
| Einstellungen Gewinnrücklagen | - 391 | - 366 |
| Bilanzgewinn | 800 | 750 |

An Zinsen wurden im Jahr 2017 1.096 T€ und 2016 976 T€ gezahlt.

Der Gewinnverwendungsvorschlag für die Hauptversammlung der Maschinenbau AG sieht vor, den Bilanzgewinn des Geschäftsjahres 2017 ebenso wie 2016 zur Hälfte auszuschütten und zur Hälfte in die Gewinnrücklagen einzustellen.

Die Lösung finden Sie auf Seite 92.

**FALL**

## Fall 5   Bewegungsbilanz 1
### 12 Punkte                    **                    30 Minuten

Die Maschinenbau AG möchte aus den Angaben des Jahresabschlusses 2017 eine Bewegungsbilanz erstellt haben, die dem folgenden Muster entspricht:

| Mittelverwendung | Mittelherkunft |
|---|---|
| A.   Ausschüttung | A.   Cashflow |
| B.   Investition Anlagevermögen | B.   Desinvestitionen Anlagevermögen |
| C.   Umlaufvermögenszunahme | (zu Buchwerten) |
| D.   Rückzahlung von Verbindlichkeiten | C.   Umlaufvermögensabnahme |
| | D.   Kapitaleinlagen |
| | E.   Erhöhung der Verbindlichkeiten |

| A. Bilanz (Angaben in T€) | 2017 | 2016 |
|---|---|---|
| **Aktiva** | | |
| A.   Anlagevermögen | | |
|    I.   Sachanlagen | 42.879 | 46.482 |
|    II.  Finanzanlagen | 7.531 | 7.630 |
| B.   Umlaufvermögen | | |
|    I.   Vorräte | 29.765 | 34.629 |
|    II.  Forderungen | 16.527 | 18.490 |
|    III. liquide Mittel | 8.731 | 4.567 |
| **Passiva** | | |
| A.   Eigenkapital | | |
|    I.   gezeichnetes Kapital | 2.600 | 1.800 |
|    II.  Kapitalrücklage | 850 | 620 |
|    III. Gewinnrücklagen | 9.216 | 8.716 |
|    IV. Jahresüberschuss | 3.423 | 1.236 |
|    V.  Gewinnvortrag | 106 | 0 |
| B.   Rückstellungen | | |
|    1.  Steuerrückstellungen | 1.920 | 86 |
|    2.  sonstige Rückstellungen | 4.596 | 5.637 |

C.  Verbindlichkeiten

    1.  Verbindlichkeiten ggü. Kreditinstituten　　69.451　　82.461

    2.  Verbindlichkeiten aLL　　8.375　　5.317

    3.  sonstige Verbindlichkeiten　　4.896　　5.925

| **B. GuV (Angaben in T€)** | | **2017** | **2016** |
|---|---|---|---|
| 1. | Umsatzerlöse | 122.046 | 115.924 |
| 2. | Bestandsminderung | - 3.652 | - 1.832 |
| 3. | sonstige betriebliche Erträge | 3.287 | 2.745 |
| 4. | Materialaufwand | - 46.579 | - 43.376 |
| 5. | Personalaufwand | - 35.921 | - 34.519 |
| 6. | Abschreibungen | - 14.543 | - 13.982 |
| 7. | sonstige betriebliche Aufwendungen | - 12.763 | - 13.841 |
| 8. | Ergebnis der gewöhnlichen Geschäftstätigkeit | 11.875 | 11.119 |
| 9. | Finanzergebnis | - 5.603 | - 8.900 |
| 10. | Steuern vom Einkommen und Ertrag | - 2.849 | - 983 |
| 11. | Jahresüberschuss | 3.423 | 1.236 |

Vom Jahresüberschuss 2016 wurden laut Beschluss der Hauptversammlung 500.000 € in die Gewinnrücklagen eingestellt. Der Restbetrag ist zur Ausschüttung verwendet bzw. auf das neue Geschäftsjahr vorgetragen worden.

## C. Anlagenspiegel (Angaben in T€)

| | gesamt | Sachanlagen | Finanz-anlagen |
|---|---|---|---|
| historische AK/HK | 94.392 | 85.629 | 8.763 |
| Zugänge | 13.161 | 12.567 | 594 |
| Abgänge | 5.689 | 4.896 | 793 |
| kum. Abschreibungen | 51.454 | 50.421 | 1.033 |
| Restbuchwert 31. 12. 2017 | 50.410 | 42.879 | 7.531 |
| Restbuchwert 31. 12. 2016 | 54.112 | 46.482 | 7.630 |
| Abschreibungen Geschäftsjahr | 14.543 | 14.517 | 26 |

D. Verbindlichkeitenspiegel (Angaben in T€)

| | | Laufzeit < 1 Jahr | Laufzeit 1 bis 5 Jahre | Laufzeit > 5 Jahre |
|---|---|---|---|---|
| Verb. ggü. Kreditinstituten | 2016 2017 | 26.381 14.562 | 5.976 6.731 | 50.104 48.158 |
| Verbindlichkeiten aLL | 2016 2017 | 5.317 8.375 | 0 0 | 0 0 |
| sonstige Verbindlichkeiten | 2016 2017 | 5.925 4.896 | 0 0 | 0 0 |

Die Lösung finden Sie auf Seite 96.

FALL

## Fall 6   Kennzahlen 1
**7 Punkte**                              *                              **17 Minuten**

Die Maschinenbau AG möchte aus den Angaben der Strukturbilanz für 2017 folgende Kennzahlen ermittelt haben:

a)  Fremdkapitalquote

b)  Verschuldungsgrad

c)  Vorratsintensität

d)  Anlagendeckungsgrad II

e)  Liquidität 2. Grades

f)  absolutes Net Working Capital

g)  relatives Net Working Capital

**Strukturbilanz (Angaben in T€)**                                        **2017**

Aktiva

| A. | Anlagevermögen | | 25.480 |
|---|---|---|---|
| B. | Umlaufvermögen | | |
| | I. | Vorräte | 37.650 |
| | II. | Forderungen | 18.360 |
| | III. | liquide Mittel | 9.590 |

Passiva

| | | |
|---|---|---:|
| A. | Eigenkapital | 16.140 |
| B. | Verbindlichkeiten | |
| | 1. kurzfristig | 25.330 |
| | 2. mittelfristig | 25.730 |
| | 3. langfristig | 23.880 |

Die Lösung finden Sie auf Seite 97.

**FALL**

## Fall 7   Strukturbilanz 2
**23 Punkte**                    ***                    **55 Minuten**

Die Maschinenbau AG möchte aus dem Jahresabschluss 2017 eine Strukturbilanz erstellt und die folgenden Kennzahlen ermittelt haben:

a) Betriebsergebnis

b) Cashflow

c) Eigenkapitalrentabilität

d) Eigenkapitalquote

e) Investitionsquote des Sachanlagevermögens

f) Anlagenabnutzungsgrad des Sachanlagevermögens

g) Abschreibungsquote des Sachanlagevermögens

h) Liquidität 2. Grades

i) Debitorenumschlag (Umschlaghäufigkeit der Forderungen)

j) Debitorenziel (Kundenziel)

k) dynamischer Verschuldungsgrad

| A. Bilanz (Angaben in T€) | | | 2017 | 2016 |
|---|---|---|---:|---:|
| Aktiva | | | | |
| A. | Anlagevermögen | | | |
| | I. | immaterielle Vermögensgegenstände | 350 | 370 |
| | II. | Sachanlagen | 17.230 | 19.740 |
| | III. | Finanzanlagen | 1.000 | 835 |
| B. | Umlaufvermögen | | | |
| | I. | Vorräte | 14.390 | 13.610 |
| | II. | Forderungen | 3.830 | 1.440 |
| | III. | liquide Mittel | 5.340 | 4.685 |

| | | | | |
|---|---|---|---|---|
| C. | Rechnungsabgrenzungsposten | | 170 | 190 |
| | davon Disagio | (170) | | (190) |

**Passiva**

| | | | | |
|---|---|---|---|---|
| A. | Eigenkapital | | | |
| | I. | gezeichnetes Kapital | 200 | 180 |
| | II. | Kapitalrücklage | 3.620 | 3.470 |
| | III. | Gewinnrücklagen | 4.530 | 4.120 |
| | IV. | Bilanzgewinn | 260 | 200 |
| B. | Rückstellungen | | | |
| | 1. | Steuerrückstellungen | 110 | 40 |
| | 2. | sonstige Rückstellungen | 3.330 | 3.070 |
| C. | Verbindlichkeiten | | | |
| | 1. | Verbindlichkeiten ggü. Kreditinstituten | 20.360 | 21.480 |
| | 2. | Verbindlichkeiten aLL | 6.710 | 5.330 |
| | 3. | sonstige Verbindlichkeiten | 3.190 | 2.980 |

Unter den immateriellen Vermögensgegenständen ist ein Firmenwert mit 80.000 € (2017) bzw. 90.000 € (2016) aktiviert worden.

Ferner ergab eine Bewertung zu Zeitwerten, dass folgende stille Reserven vorhanden waren:

| | 2017 | 2016 |
|---|---|---|
| Sachanlagen | 528 | 636 |
| Vorräte | 484 | 468 |

Die Reserven aus den Sachanlagen werden sich voraussichtlich zur Hälfte mittel- und zur Hälfte langfristig auflösen. Bei den Vorräten erfolgt eine kurzfristige Realisierung.

Der Sonderposten mit Rücklageanteil dient der Finanzierung eines Lkw und wird kurzfristig aufgelöst.

| B. Gewinn- und Verlustrechnung (in T€) | | 2017 | 2016 |
|---|---|---|---|
| 1. | Umsatzerlöse (alle zu 19 %) | 85.720 | 81.206 |
| 2. | Bestandserhöhung | 3.610 | 4.875 |
| 3. | aktivierte Eigenleistungen | 117 | 89 |
| 4. | sonstige betriebliche Erträge | 5.367 | 6.192 |
| 5. | Materialaufwand | - 48.315 | - 44.873 |
| 6. | Personalaufwand | - 31.947 | - 33.298 |
| 7. | Abschreibungen | - 4.416 | - 5.360 |
| 8. | sonstige betriebliche Aufwendungen | - 7.308 | - 6.144 |

| | | |
|---|---|---|
| 9. Erträge aus anderen Finanzanlagen | 30 | 30 |
| 10. Zinserträge | 120 | 116 |
| 11. Zinsaufwendungen | - 1.978 | - 2.063 |
| 12. Steuern vom Einkommen und Ertrag | - 480 | - 370 |
| 13. Jahresüberschuss | 520 | 400 |
| 14. Einstellungen Gewinnrücklagen | - 260 | - 200 |
| 15. Bilanzgewinn | 260 | 200 |

Der Bilanzgewinn 2016 ist wie vorgeschlagen i.H. von 50.000 € ausgeschüttet worden. Der Restbetrag wurde in die Gewinnrücklagen eingestellt. Der Bilanzgewinn 2017 soll laut Verwendungsvorschlag zu drei Viertel an die Aktionäre ausgeschüttet und zu einem Viertel einbehalten werden.

## C. Anlagenspiegel (Angaben in T€)

| | gesamt | imm. VGS | Sachanlagen | Finanz-anlagen |
|---|---|---|---|---|
| historische AK/HK | 43.085 | 500 | 41.750 | 835 |
| Zugänge | 3.445 | 0 | 3.280 | 165 |
| Abgänge | 1.850 | 0 | 1.850 | 0 |
| kum. Abschreibungen | 26.100 | 150 | 25.950 | 0 |
| Restbuchwert 31. 12. 2017 | 18.580 | 350 | 17.230 | 1.000 |
| Restbuchwert 31. 12. 2016 | 20.945 | 370 | 19.740 | 835 |
| Abschreibungen Geschäftsjahr | 4.416 | 20 | 4.396 | 0 |

## D. Verbindlichkeitenspiegel (Angaben in T€)

| | | Laufzeit < 1 Jahr | Laufzeit 1 bis 5 Jahre | Laufzeit > 5 Jahre |
|---|---|---|---|---|
| Verb. ggü. Kreditinstituten | 2016 | 2.410 | 4.270 | 14.800 |
| | 2017 | 3.120 | 3.300 | 13.940 |
| Verbindlichkeiten aLL | 2016 | 3.620 | 1.710 | 0 |
| | 2017 | 5.220 | 1.490 | 0 |
| sonstige Verbindlichkeiten | 2016 | 2.980 | 0 | 0 |
| | 2017 | 3.190 | 0 | 0 |

Die Lösung finden Sie auf Seite 98.

FALL

## Fall 8   Kennzahlen 2
### 10 Punkte                    *                    24 Minuten

Die Maschinenbau AG möchte aus den verdichteten Angaben des Jahresabschlusses 2017 folgende Kennzahlen ermittelt haben:

a) Rohergebnis

b) Betriebsergebnis

c) Ergebnis der gewöhnlichen Geschäftstätigkeit

d) Anlagendeckungsgrad II

e) Liquidität 2. Grades

f) Eigenkapitalrentabilität

g) Umsatzrentabilität

h) ROI

i) Personalaufwandsquote

| A. Strukturbilanz (Angaben in T€) | | | 2017 |
|---|---|---|---:|
| Aktiva | | | |
| A. | Anlagevermögen | | 469.350 |
| B. | Umlaufvermögen | | |
| | I. | Vorräte | 268.190 |
| | II. | Forderungen | 284.370 |
| | III. | liquide Mittel | 22.850 |
| Passiva | | | |
| A. | Eigenkapital (inklusive JÜ 2016) | | 128.570 |
| | *Vorjahr* | | *112.600* |
| B. | Verbindlichkeiten | | |
| | *Summe Vorjahr* | | *843.940* |
| | 1. | kurzfristig | 368.540 |
| | 2. | mittelfristig | 427.830 |
| | 3. | langfristig | 119.820 |

**B. Gewinn- und Verlustrechnung (Angaben in T€)** 2017

| | | |
|---|---|---:|
| 1. | Umsatzerlöse | 18.320.590 |
| 2. | sonstige betriebliche Erträge | 2.768.330 |
| 3. | Materialaufwand | - 9.438.770 |
| 4. | Personalaufwand | - 5.596.420 |
| 5. | Abschreibungen | - 4.654.490 |
| 6. | sonstige betriebliche Aufwendungen | - 1.283.650 |
| 7. | Zinserträge | 86.390 |
| 8. | Zinsaufwendungen | - 168.590 |
| 9. | E & E Steuern | - 18.370 |
| 10. | Jahresüberschuss | 15.020 |

Die Lösung finden Sie auf Seite 102.

FALL

## Fall 9   Kapitalflussrechnung
**12 Punkte**                    ✳✳✳                    **30 Minuten**

Die Maschinenbau AG möchte aus den Angaben des Jahresabschlusses 2017 eine Kapitalfluss-rechnung für das Jahr 2017 nach der indirekten Methode erstellt haben.

| **A. Bilanz (Angaben in T€)** | | | **2017** | | **2016** |
|---|---|---|---:|---|---:|
| Aktiva | | | | | |
| A. | Anlagevermögen | | | | |
| | I. | immaterielle Vermögensgegenstände | 350 | | 370 |
| | II. | Sachanlagen | 17.230 | | 19.740 |
| | III. | Finanzanlagen | 1.000 | | 835 |
| B. | Umlaufvermögen | | | | |
| | I. | Vorräte | 14.390 | | 13.610 |
| | II. | Forderungen | 3.830 | | 1.440 |
| | III. | liquide Mittel | 5.340 | | 4.685 |
| C. | Rechnungsabgrenzungsposten | | 170 | | 190 |
| | davon Disagio | (170) | | (190) | |

Passiva

A. Eigenkapital

| | | | |
|---|---|---|---|
| I. | gezeichnetes Kapital | 200 | 180 |
| II. | Kapitalrücklage | 3.620 | 3.470 |
| III. | Gewinnrücklagen | 4.590 | 4.180 |
| IV. | Bilanzgewinn | 260 | 200 |

B. Rückstellungen

| | | | |
|---|---|---|---|
| 1. | Steuerrückstellungen | 110 | 40 |
| 2. | sonstige Rückstellungen | 3.270 | 3.010 |

C. Verbindlichkeiten

| | | | |
|---|---|---|---|
| 1. | Verbindlichkeiten ggü. Kreditinstituten | 20.360 | 21.480 |
| 2. | Verbindlichkeiten aLL | 6.710 | 5.330 |
| 3. | sonstige Verbindlichkeiten | 3.190 | 2.980 |

Unter den immateriellen Vermögensgegenständen ist ein Firmenwert mit 80.000 € (2017) bzw. 90.000 € (2016) aktiviert worden.

Ferner ergab eine Bewertung zu Zeitwerten, dass folgende stille Reserven vorhanden waren:

| | 2017 | 2016 |
|---|---|---|
| Sachanlagen | 528 | 636 |
| Vorräte | 484 | 468 |

Die Reserven aus den Sachanlagen werden sich voraussichtlich zur Hälfte mittel- und zur Hälfte langfristig auflösen. Bei den Vorräten erfolgt eine kurzfristige Realisierung.

Der Sonderposten mit Rücklageanteil dient der Finanzierung eines Lkw und wird kurzfristig aufgelöst.

| **B. Gewinn- und Verlustrechnung (in T€)** | **2017** | **2016** |
|---|---|---|
| 1. Umsatzerlöse (alle zu 19 %) | 85.720 | 81.206 |
| 2. Bestandserhöhung | 3.610 | 4.875 |
| 3. aktivierte Eigenleistungen | 117 | 89 |
| 4. sonstige betriebliche Erträge | 5.367 | 6.192 |
| 5. Materialaufwand | - 48.315 | - 44.873 |
| 6. Personalaufwand | - 31.947 | - 33.298 |
| 7. Abschreibungen | - 4.416 | - 5.360 |
| 8. sonstige betriebliche Aufwendungen | - 7.308 | - 6.144 |
| 9. Erträge aus anderen Finanzanlagen | 30 | 30 |
| 10. Zinserträge | 120 | 116 |

| | | |
|---|---|---|
| 11. Zinsaufwendungen | - 1.978 | - 2.063 |
| 12. Steuern vom Einkommen und Ertrag | - 480 | - 370 |
| 13. Jahresüberschuss | 520 | 400 |
| 14. Einstellungen Gewinnrücklagen | - 260 | - 200 |
| 15. Bilanzgewinn | 260 | 200 |

Der Bilanzgewinn 2016 ist wie vorgeschlagen i. H. von 50.000 € ausgeschüttet worden. Der Restbetrag wurde in die Gewinnrücklagen eingestellt. Der Bilanzgewinn 2017 soll laut Verwendungsvorschlag zu drei Viertel an die Aktionäre ausgeschüttet und zu einem Viertel einbehalten werden.

### C. Anlagenspiegel (Angaben in T€)

| | gesamt | imm. VGS | Sachanlagen | Finanz-anlagen |
|---|---|---|---|---|
| historische AK/HK | 43.085 | 500 | 41.750 | 835 |
| Zugänge | 3.445 | 0 | 3.280 | 165 |
| Abgänge | 1.850 | 0 | 1.850 | 0 |
| kum. Abschreibungen | 26.100 | 150 | 25.950 | 0 |
| Restbuchwert 31. 12. 2017 | 18.580 | 350 | 17.230 | 1.000 |
| Restbuchwert 31. 12. 2016 | 20.945 | 370 | 19.740 | 835 |
| Abschreibungen Geschäftsjahr | 4.416 | 20 | 4.396 | 0 |

Der Abgang 2017 erfolgte zum Buchwert.

### D. Verbindlichkeitenspiegel (Angaben in T€)

| | | Laufzeit < 1 Jahr | Laufzeit 1 bis 5 Jahre | Laufzeit > 5 Jahre |
|---|---|---|---|---|
| Verb. ggü. Kreditinstituten | 2016 | 2.410 | 4.270 | 14.800 |
| | 2017 | 3.120 | 3.300 | 13.940 |
| Verbindlichkeiten aLL | 2016 | 3.620 | 1.710 | 0 |
| | 2017 | 5.220 | 1.490 | 0 |
| sonstige Verbindlichkeiten | 2016 | 2.980 | 0 | 0 |
| | 2017 | 3.190 | 0 | 0 |

Die Lösung finden Sie auf Seite 104.

FALL

## Fall 10 Vergleichsrechnungen
### 6 Punkte  *  15 Minuten

Analysieren Sie die folgenden Kennzahlen der Maschinenbau AG in ihrem jeweiligen Zusammenhang.

1. Die Eigenkapitalquote der AG hat sich in den letzten fünf Jahren folgendermaßen entwickelt:

| | |
|---|---|
| 2013 | 34 % |
| 2014 | 32 % |
| 2015 | 31 % |
| 2016 | 30 % |
| 2017 | 28 % |

2. Als Sollwert für 2017 war für die Kennzahl Umsatzrendite vor Ertragssteuern ein Wert für die AG von 2,0 % festgelegt worden. Durch den Jahresabschluss wird ein Istwert von 2,4 % ermittelt.

3. Die AG will die Finanzierung des Anlagevermögens mit drei vergleichbaren Mitbewerbern untersucht haben:

| Kennzahl | AG | 1 | 2 | 3 |
|---|---|---|---|---|
| Anlagendeckungsgrad II | 1,45 | 1,35 | 1,50 | 0,90 |

Die Lösung finden Sie auf Seite 105.

FALL

## Fall 11 Bewegungsbilanz 2
### 8 Punkte  *  20 Minuten

Die Maschinenbau AG möchte aus den Angaben des Jahresabschlusses 2017 eine Bewegungsbilanz erstellt haben, die dem folgenden Muster entspricht.

| Mittelverwendung | Mittelherkunft |
|---|---|
| A. Ausschüttung | A. Cashflow |
| B. Investition Anlagevermögen | B. Umlaufvermögensabnahme |
| C. Umlaufvermögenszunahme | C. Kapitaleinlagen |
| D. Rückzahlung von Verbindlichkeiten | D. Erhöhung der Verbindlichkeiten |

| A. Bilanz (Angaben in T€) | 2017 | 2016 |
|---|---|---|
| Aktiva | | |
| A. Anlagevermögen | | |
| I. Sachanlagen | 63.269 | 60.368 |
| Zugänge des Geschäftsjahres | (21.327) | (24.318) |
| Abgänge des Geschäftsjahres | (0) | (15.813) |
| B. Umlaufvermögen | | |
| I. Vorräte | 31.653 | 26.218 |
| II. Forderungen | 29.714 | 38.416 |
| III. liquide Mittel | 2.948 | 3.568 |
| Passiva | | |
| A. Eigenkapital | | |
| I. gezeichnetes Kapital | 2.500 | 2.500 |
| II. Kapitalrücklage | 1.800 | 1.800 |
| III. Gewinnrücklagen | 8.260 | 6.591 |
| IV. Bilanzgewinn | 1.065 | 1.304 |
| B. Rückstellungen | | |
| 1. Steuerrückstellungen | 269 | 528 |
| 2. sonstige Rückstellungen | 1.822 | 3.278 |
| C. Verbindlichkeiten | | |
| 1. Verbindlichkeiten ggü. Kreditinstituten | 72.144 | 84.329 |
| 2. Verbindlichkeiten aLL | 23.336 | 15.893 |
| 3. sonstige Verbindlichkeiten | 16.388 | 12.347 |

| B. GuV (Angaben in T€) | 2017 | 2016 |
|---|---|---|
| 1. Umsatzerlöse | 230.459 | 245.963 |
| 2. Bestandsminderung | - 267 | - 536 |
| 3. sonstige betriebliche Erträge | 3.014 | 3.461 |
| 4. Materialaufwand | - 81.741 | - 86.921 |
| 5. Personalaufwand | - 115.277 | - 120.551 |

| 6. | Abschreibungen | - 18.426 | - 19.654 |
| 7. | sonstige betriebliche Aufwendungen | - 9.853 | - 11.829 |
| 8. | Ergebnis der gewöhnl. Geschäftstätigkeit | 7.909 | 9.933 |
| 9. | Finanzergebnis | - 3.620 | - 4.632 |
| 10. | Steuern vom Einkommen und Ertrag | - 2.159 | - 2.693 |
| 11. | Jahresüberschuss | 2.130 | 2.608 |
| 12. | Gewinnrücklagen | 1.065 | 1.304 |
| 13. | Bilanzgewinn | 1.065 | 1.304 |

Durch Beschluss der Hauptversammlung wurde der Bilanzgewinn 2016 i. H. von 700 T€ ausgeschüttet. Der Restbetrag wurde den Gewinnrücklagen zugeführt.

Die Lösung finden Sie auf Seite 106.

FALL

### Fall 12    Interpretation von Kennzahlen
      **12 Punkte**           *           **30 Minuten**

Beschreiben Sie für die folgenden Kennzahlen deren Aussagekraft.

a) Anlagenintensität

b) Eigenkapitalquote

c) Anlagendeckungsgrad II

d) Liquidität 2. Grades

e) Cashflow

f) Debitorenziel (Kundenziel)

Die Lösung finden Sie auf Seite 107.

FALL

### Fall 13    Eigenkapitalrichtlinien
      **5 Punkte**           **           **12 Minuten**

Nennen Sie die Ziele der Eigenkapitalrichtlinien für Kreditinstitute (Basel II und III) und geben Sie eine kurze inhaltliche Darstellung.

Die Lösung finden Sie auf Seite 108.

**FALL**

## Fall 14 Rating
**8 Punkte**        **        **20 Minuten**

Erläutern Sie kurz den grundsätzlichen Ratingprozess eines Kreditinstitutes und unterscheiden Sie dabei auch internes und externes Rating.

Die Lösung finden Sie auf Seite 109.

**FALL**

## Fall 15 Auswirkungen der Eigenkapitalrichtlinien
**5 Punkte**        *        **12 Minuten**

Erläutern Sie die Auswirkungen der Eigenkapitalrichtlinien für die kreditnachfragenden Unternehmen.

Die Lösung finden Sie auf Seite 109.

# C. Finanzmanagement

FALL

## Fall 1 Factoring 1
**6 Punkte**                          **✱✱**                          **15 Minuten**

Der Bilanzbuchhalter der Maschinenbau AG stellt fest, dass die Forderungen aLL immer mehr zunehmen. Nach Rücksprache mit dem Vorstand soll ermittelt werden, welche Vorteile bzw. welche Nachteile mit Factoring verbunden sind.

Die Nord-Factoring-Bank AG bietet dem Unternehmen folgende Konditionen:

► Factoring-Gebühren: 1,8 % auf den Durchschnittsumsatz von 20 Mio. €,

► Sollzinsen: 11,0 % auf die in Anspruch genommenen Gelder,

► ankaufbare Forderungen: 75 % des durchschnittlichen Forderungsbestands von 2,0 Mio. €,

► 10 % der ankaufbaren Forderungen werden auf ein Sperrkonto überwiesen, worauf keine Zinsen gewährt werden.

**Aufgabenstellung:**

a) Ist die Umstellung auf Factoring empfehlenswert, wenn die sich dadurch ergebenden Kostenvorteile rund 750.000 € betragen?

b) Welche Kostenvorteile ergeben sich aus der Servicefunktion, die die Nord-Factoring-Bank AG auch übernehmen soll?

c) Die Nord-Factoring-Bank AG soll auch die Delkrederefunktion übernehmen. Was wird darunter verstanden?

d) Welche Art von Factoring liegt unter Berücksichtigung der obigen Angaben vor?

Die Lösung finden Sie auf Seite 110.

FALL

## Fall 2 Abschreibungsgegenwerte
**4 Punkte**                          **✱**                          **10 Minuten**

Bei der Maschinenbau AG sind zu Beginn des 1. Jahres 10 Maschinen mit einer Nutzungsdauer von 4 Jahren und einem Wert von jeweils 40.000 € angeschafft worden. Die Maschinen werden linear abgeschrieben.

Das Unternehmen will die Abschreibungsrückflüsse für die Anschaffung weiterer Maschinen desselben Typs verwenden, um die erwartete Absatzsteigerung aufzufangen. Hierzu werden die Abschreibungsgegenwerte sofort reinvestiert. Nicht sofort reinvestierbare Abschreibungsreste werden in der Folgeperiode reinvestiert.

**Aufgabenstellung:**

a) Ermitteln Sie anhand einer Tabelle die Finanzierung der Maschinen aus den Abschreibungs-gegenwerten bis zum Ende des 7. Jahres.

b) Überprüfen Sie das Ergebnis aus a) mithilfe des Kapazitätserweiterungsfaktors (Kapazitäts-multiplikator).

Die Lösung finden Sie auf Seite 111.

**FALL**

## Fall 3   Investitionsentscheidung 1
###      4 Punkte             ✱✱✱           10 Minuten

Die Maschinenbau AG mietet in den neuen Bundesländern eine Fabrikhalle für 5 Jahre. Nach Ablauf des Mietvertrags ist der Umzug in eine eigene Fabrikhalle geplant.

Der die Instandsetzung der Fabrikhalle überwachende Architekt empfiehlt dringend eine Wärmeisolierung der Halle für 40.000 €.

Der Kalkulationszinsfuß beträgt 10 %.

**Aufgabenstellung:**

Ist diese Investition vorteilhaft, wenn dadurch folgende Heizkostenersparnisse veranschlagt werden (rechnerische Begründung)?

|  | Heizkostenersparnis pro Jahr | Abzinsungsfaktor bei 10 % |
|---|---|---|
| 1. Jahr | 7.500 € | 0,909091 |
| 2. Jahr | 10.000 € | 0,826446 |
| 3. Jahr | 12.500 € | 0,751315 |
| 4. Jahr | 12.500 € | 0,683013 |
| 5. Jahr | 10.000 € | 0,620921 |

Die Lösung finden Sie auf Seite 111.

**FALL**

## Fall 4   Finanzierungsentscheidung
###      7 Punkte             ✱✱           17 Minuten

Die Abraham OHG möchte zu Jahresbeginn eine Verpackungsmaschine je beschaffen, die eine betriebsgewöhnliche Nutzungsdauer von sieben Jahren haben wird und deren Anschaffungskosten 800.000 € betragen.

Als Finanzierungsmöglichkeiten stehen zur Wahl:

Ein Bankdarlehen in Höhe der Anschaffungskosten, das in 7 Jahresannuitäten zurückbezahlt wird. Der Nominalzinssatz beträgt 6 %.

Ein Leasingvertrag mit einer Grundmietzeit von 7 Jahren, einer jährlichen Leasingrate von 107.000 € und einem Ankaufbetrag von 75.000 € bei Wahrnehmung der Kaufoption zum Ende der Grundmietzeit.

**Aufgabenstellung:**

a) Berechnen Sie jeweils die Gesamtausgaben der Finanzierung für beide Alternativen, wenn von der Kaufoption Gebrauch gemacht wird (steuerliche Effekte sind nicht zu berücksichtigen).

b) Nennen Sie mindestens zwei Vorteile, die eine Entscheidung der Geschäftsführung für Leasing begründen könnten.

c) Nennen Sie zwei Vorteile, die für die Kreditfinanzierung sprächen.

d) Erklären Sie kurz das Verfahren „Sale and lease back".

Die Lösung finden Sie auf Seite 112.

**FALL**

## Fall 5   Investitionsbeurteilung
**7 Punkte**                       **\*\***                       **17 Minuten**

Hauke Mees, Gesellschafter der Maschinenbau AG, hat die Möglichkeit, für sein Unternehmen ein Kapital von 600.000 € in 6,5 %igen Anleihen anzulegen. Die Anleihen können zum Kurs von 96 % erworben werden. Die Rückzahlung erfolgt in 5 Jahren zum Nominalwert (Stückzinsen und Spesen werden vernachlässigt).

Herr Mees untersucht, ob es vorteilhafter ist, diese 600.000 € zur Beschaffung einer Betriebsanlage zu verwenden.

Es wird angenommen, dass es möglich ist, den Jahresabsatz der im Unternehmen hergestellten Erzeugnisse von 200.000 Stück auf 250.000 Stück auszudehnen. Dieses ergibt sich aus einem Gutachten.

Folgende Daten stehen für eine Entscheidung über die Investition zur Verfügung:

| | |
|---|---|
| Anschaffungsausgabe: | 600.000 € |
| Nutzungsdauer: | 5 Jahre |
| jährliche Fixkosten (einschl. Zins und Abschreibungen): | 200.000 € |
| variable Kosten: | 20 €/Stück |
| erzielbarer Erlös: | 25 €/Stück |

**Aufgabenstellung:**

a) Begründen Sie, welche Investition bei Anwendung der Gewinnvergleichsrechnung am vorteilhaftesten ist.

b) Berechnen Sie den Zeitraum, in dem die Anschaffungsausgabe für die geplante Sachinvestition über den Einzahlungsüberschuss wieder in den Betrieb zurückfließt. In den Fixkosten sind kalkulatorische Abschreibungen i. H. von 60 % der Anschaffungsausgaben enthalten. Alle anderen Kosten wie auch die Erlöse sind liquiditätsarm.

Die Lösung finden Sie auf Seite 113.

FALL

# Fall 6   Factoring 2
## 6 Punkte                    **                    15 Minuten

Die Maschinenbau AG sieht sich trotz gut laufender Umsätze mit einem Liquiditätsproblem konfrontiert. Die Kunden nehmen sehr lange Zahlungsziele in Anspruch. Ein hoher Forderungsausfall ist daher zu verzeichnen, sodass die Kreditlinien bei der Hausbank bereits ausgeschöpft sind. Wegen kurzfristiger Liquiditätsengpässe kann das Unternehmen Skontierungsmöglichkeiten nicht ausnutzen.

Folgende Zahlen verdeutlichen die Situation:

| | |
|---|---:|
| Jahresumsatz | 12,0 Mio. € |
| Außenstände (Jahresdurchschnitt) | 2,0 Mio. € |
| Wareneinkauf | 8,4 Mio. € |
| Forderungsausfälle im abgelaufenen Jahr (ohne USt) | 50.000 € |

Der Maschinenbau AG liegt von einer Factoring-Gesellschaft folgendes Angebot für ein (echtes) Factoring vor:

Bearbeitungsgebühr einschließlich Delkredereprovision von 1,1 % des Umsatzes.

Bevorschussung der angekauften Forderungen i. H. von 80 %. Die Factoring-Gesellschaft berechnet für die bevorschussten Beträge einen Zinssatz von 7,5 % p. a. Die durchschnittlichen Außenstände sind als Berechnungsgrundlage anzusehen.

**Aufgabenstellung:**

a) Nehmen Sie eine Kosten-Nutzen-Analyse des Factoring vor, indem Sie Aufwand und Ertrag des Factoring einander gegenüberstellen. Dabei ist davon auszugehen, dass durch das Factoring Verwaltungseinsparungen von 40.000 € entstehen und die Maschinenbau AG beim Wareneinkauf in vollem Umfang 3 % Skonto abziehen kann.

b) Erläutern Sie, warum Factoring für die Maschinenbau AG bei der gegebenen Ausgangslage und einer durchschnittlichen Inanspruchnahme von 1,4 Mio. € Lieferantenkredit im Jahr ein sinnvolles Finanzierungsinstrument sein kann.

c) Erklären Sie den Unterschied zwischen echtem und unechtem Factoring.

Die Lösung finden Sie auf Seite 113.

## Fall 7 Unternehmensübernahme
## 7 Punkte        ***        17 Minuten

Die Abraham OHG beabsichtigt Ende des Jahres 2017 aus marktstrategischen Gründen die Übernahme eines Mitbewerbers am Markt. Der Übernahmepreis beläuft sich auf 60 Mio. €. Nach der Übernahme ist von der Abraham OHG aufgrund ihrer Analyse vorgesehen, in das erworbene Unternehmen folgende Summen zusätzlich zu investieren:

| | |
|---|---|
| 2018 | 12.000.000 € |
| 2019 | 15.000.000 € |
| 2020 | 8.000.000 € |
| 2021 | 11.000.000 € |
| 2022 | 10.000.000 € |
| 2023 | 1.000.000 € |

(aus Vereinfachungsgründen wird ein Abfluss jeweils zum Jahresende unterstellt)

Es wird erwartet, dass während der ersten 3 Jahre nach der Übernahme (2018 bis 2020) keine Gewinne ausgewiesen werden können. Jedoch geht die Abraham OHG davon aus, dass in den darauffolgenden Jahren mit Einnahmenüberschüssen gerechnet werden kann, die wie folgt prognostiziert werden:

| | |
|---|---|
| 2021 | 20.000.000 € |
| 2022 | 21.000.000 € |
| 2023 | 15.000.000 € |

(aus Vereinfachungsgründen werden Zuflüsse jeweils zum Jahresende unterstellt)

Es wird damit gerechnet, dass am Ende des Jahres 2023 das übernommene Unternehmen keine Überschüsse mehr erzielen wird. Deshalb soll die Beteiligung zu diesem Zeitpunkt wieder abgestoßen werden. Der dann erwartete Verkaufserlös soll bei 75 Mio. € liegen.

Das Unternehmen kalkuliert mit einem Zinssatz von 9 %.

Auszug aus einer finanzmathematischen Tabelle für n von 1 bis 10 Jahren bei 9 %:

| | Aufzinsungsfaktor | Abzinsungsfaktor | Barwertfaktor |
|---|---|---|---|
| n | $q^n$ | $\dfrac{1}{q^n}$ | $\dfrac{q^n-1}{q^n(q-1)}$ |
| 1 | 1,090000 | 0,917431 | 0,917431 |
| 2 | 1,188100 | 0,841680 | 1,759111 |
| 3 | 1,295029 | 0,772183 | 2,531295 |
| 4 | 1,411582 | 0,708425 | 3,239720 |
| 5 | 1,538624 | 0,649931 | 3,889651 |
| 6 | 1,677100 | 0,596267 | 4,485919 |
| 7 | 1,828039 | 0,547034 | 5,032953 |
| 8 | 1,992563 | 0,501866 | 5,534819 |
| 9 | 2,171893 | 0,460428 | 5,995247 |
| 10 | 2,367364 | 0,422411 | 6,417658 |

**Aufgabenstellung:**

Erstellen Sie mithilfe der Kapitalwertmethode eine Entscheidungsgrundlage für die Geschäftsleitung, ob die Übernahme des Mitbewerbers innerhalb dieses Zeithorizonts eine lohnende Investition darstellt.

Die Lösung finden Sie auf Seite 114.

**FALL**

## Fall 8   Innenfinanzierung
**7 Punkte**           ✱✱✱           **17 Minuten**

Ende Januar 2017 legt der Vorstand der Maschinenbau AG den Aktionären folgende vorläufige Bilanz zum Ende des Geschäftsjahres 2016 vor.

Vorläufige Bilanz zum 31.12.2016 (in T€):

| Aktiva | | Passiva | |
|---|---|---|---|
| Sachanlagen | | Eigenkapital | |
| 1. bebaute Grundstücke | 500 | 1. gezeichnetes Kapital | 1.300 |
| 2. technische Anlagen u. Maschinen | 700 | 2. Kapitalrücklage | 400 |
| | | 3. Jahresüberschuss | 200 |
| Umlaufvermögen | | Rückstellungen | |
| 1. Vorräte | | 1. Pensionsrückstellungen | 170 |
|      Rohstoffe | 1.000 | 2. Steuerrückstellungen | 210 |
|      unfertige Erzeugnisse | 100 | 3. sonstige Rückstellungen | 180 |
|      fertige Erzeugnisse | 500 | | |

| 2. Forderungen aLL | 1.600 | Verbindlichkeiten | |
|---|---|---|---|
| 3. Wertpapiere | 100 | 1. gegenüber Kreditinstituten | 490 |
| 4. flüssige Mittel | 200 | 2. Verbindlichkeiten aLL | 1.750 |
| | 4.700 | | 4.700 |

Der Vorstand erläutert, dass der gegenüber den Vorjahren geringere Jahresüberschuss weitgehend auf Preisnachlässe zurückzuführen sei, da ein Mitbewerber durch Verlagerung der Fertigung arbeitsaufwendiger Bauteile nach Polen preislich attraktivere Angebote im Kundenkreis machte.

Er habe darüber nachgedacht, den gleichen Weg zu gehen, sei dann aber auf einen Automaten gestoßen, mit dem wesentliche Kostensenkungen bei der Fertigung von Bauteilen erzielt werden könnten. Der Automat koste 640 T€ (ohne USt), die betriebsindividuelle Nutzungsdauer betrage 8 Jahre. Die Hausbank sei bereit, ein langfristiges Darlehen von 450 T€ zu 9 % Zinsen gegen Sicherheitsübereignung des Automaten zu gewähren. Die Laufzeit des Darlehens betrage 6 Jahre, Tilgung und Zinsleistung jeweils am Jahresende. Drei ältere Maschinen würden überflüssig und könnten zum Buchwert von insgesamt 15 T€ (ohne USt) verkauft werden.

Da das Unternehmen in den letzten Jahren den Jahresüberschuss laut Hauptversammlungsbeschluss jeweils voll ausgeschüttet hatte, möchten die Aktionäre auch 2016 noch eine Ausschüttung von mindestens 100 T€ erhalten. Auf Gewinnverwendungsbeschluss des Vorstands wird demzufolge zu Beginn des Jahres 2017 ein Betrag von 100 T€ ausgezahlt (Vorabausschüttung).

**Aufgabenstellung:**

a) Welche Wege der Innenfinanzierung empfehlen Sie als Bilanzbuchhalter dem Vorstand, um den Fehlbetrag zwischen den Anschaffungskosten des Automaten i. H. von 640 T€ und dem Investitionsdarlehen der Hausbank i. H. von 450 T€ zu finanzieren und die Mittel zur Tilgung des Investitionsdarlehens der Hausbank aufzubringen?

b) Erläutern Sie noch eine weitere Möglichkeit der Innenfinanzierung über den Lagerbestand dieser AG, wenn Sie davon ausgehen, dass sich der Materialaufwand 2016 auf einen Betrag i. H. von 4.000 T€ belief und die Lagerumschlagshäufigkeit auf 5 steigt.

Ertragsteuerliche Auswirkungen sind nicht zu berücksichtigen!

Die Lösung finden Sie auf Seite 114.

**FALL**

## Fall 9   Investitionsentscheidung 2
### 15 Punkte                    *                    12 Minuten

Die Abraham OHG bewertet eine Investitionsentscheidung nach mathematischen Methoden und hat folgende Investition zu analysieren. Dabei sollen Sie als Bilanzbuchhalter Hilfestellung leisten.

Anschaffungswert:                                                                    90.000 €

| | | | | |
|---|---|---|---|---|
| 1. Jahr: | Einzahlungen | 120.000 € | Auszahlungen | 100.000 € |
| 2. Jahr: | Einzahlungen | 180.000 € | Auszahlungen | 120.000 € |
| 3. Jahr: | Einzahlungen | 200.000 € | Auszahlungen | 160.000 € |
| 4. Jahr: | Einzahlungen | 150.000 € | Auszahlungen | 160.000 € |
| 5. Jahr: | Einzahlungen | 150.000 € | Auszahlungen | 140.000 € |

Liquidationserlös:                                     0 €

Es ist buchhalterisch von einer linearen Abschreibung auszugehen.

Weitere nicht liquiditätswirksame Aufwendungen bzw. Erträge sind nicht im Zusammenhang mit dieser Investition zu verzeichnen und auch nicht zu erwarten.

Aufgrund einer Risikostrukturanalyse wurde eine Mindestverzinsung von 14 % ermittelt.

Sämtliche Zahlungen finden am Ende der jeweiligen Abrechnungsperiode statt.

**Aufgabenstellung:**

a)  Beurteilen Sie, ob diese Investition nach der Kapitalwertmethode durchgeführt werden sollte.

b)  Stellen Sie fest, ob die geplante Investitionsmaßnahme mithilfe der Gewinnvergleichsrechnung beurteilt werden kann (Begründung).

c)  Stellen Sie die wesentlichen Unterschiede der Kapitalwertmethode und der Gewinnvergleichsrechnung dar.

Anlage: Faktoren bei 14 %

| Jahr | Aufzinsung | Abzinsung | Barwertfaktor | Annuitäten-faktor | Endwertfaktor |
|---|---|---|---|---|---|
| 1 | 1,140000 | 0,877193 | 0,877193 | 1,140000 | 1,000000 |
| 2 | 1,299600 | 0,769468 | 1,646661 | 0,607290 | 0,467290 |
| 3 | 1,481544 | 0,674972 | 2,321632 | 0,430731 | 0,290731 |
| 4 | 1,688960 | 0,592080 | 2,913712 | 0,343205 | 0,203205 |
| 5 | 1,925415 | 0,519369 | 3,433081 | 0,291284 | 0,151284 |
| 6 | 2,194973 | 0,455587 | 3,888668 | 0,257157 | 0,117157 |
| 7 | 2,502269 | 0,399637 | 4,288305 | 0,233192 | 0,093192 |
| 8 | 2,852586 | 0,350559 | 4,638864 | 0,215570 | 0,075570 |
| 9 | 3,251949 | 0,307508 | 4,946372 | 0,202168 | 0,062168 |
| 10 | 3,707221 | 0,269744 | 5,216116 | 0,191714 | 0,051714 |

Die Lösung finden Sie auf Seite 238.

## Fall 10   Entscheidungsprozess
**3 Punkte**                    **✶✶**                    **8 Minuten**

Als Bilanzbuchhalter der Maschinenbau AG sollen Sie den Vorstand bei einer Investitionsentscheidung unterstützen.

**Aufgabenstellung:**

a) Stellen Sie bitte die logische Reihenfolge bis zu einer Investitionsentscheidung (Investitionsentscheidungsprozess) dar.

b) Stellen Sie bitte die verschiedenen Investitionsrechnungsverfahren dar und erläutern Sie insbesondere die wesentlichen Unterschiede zwischen den dynamischen und den statischen Verfahren.

Die Lösung finden Sie auf Seite 116.

## Fall 11   Renditen
**5 Punkte**                    **✶✶**                    **12 Minuten**

Es überrascht die Geschäftsführung der Maschinenbau AG, dass trotz eines höheren Verschuldungsgrads (Fremdkapital / Eigenkapital) die Eigenkapital- und die Gesamtkapitalrenditen des Unternehmens nicht schlechter geworden sind.

**Aufgabenstellung:**

Erläutern Sie den Zusammenhang und stellen Sie die Beziehung an folgenden Daten dar:

| | |
|---|---|
| Investitionsbedarf | 100.000 € |
| Fremdfinanzierungszinssatz | 7 % |
| Gewinn (vor Zinsen) | 10 % |
| Eigenkapitalpotenzial | 100.000 € |

| Fremdkapitalquote | EK-Rendite | GK-Rendite |
|---|---|---|
| 25 % | | |
| 50 % | | |
| 75 % | | |

Die Lösung finden Sie auf Seite 117.

29

FALL

## Fall 12   Festdarlehen
### 5 Punkte                    ***                    12 Minuten

Die Maschinenbau AG benötigt einen langfristigen Kredit über 500.000 €.

Der Nominalzinssatz der Hausbank ist 7 %, bei 92 % Auszahlung und einer Laufzeit von 10 Jahren.

Die Tilgung erfolgt am Ende der gesamten Laufzeit in einer Summe (Festdarlehen).

**Aufgabenstellung:**

a)  Berechnen Sie den Effektivzinssatz mithilfe des Restwertverteilungsfaktors.

b)  Welche Besicherungsformen schlagen Sie für diesen Kredit vor?

Die Lösung finden Sie auf Seite 118.

FALL

## Fall 13   Investitionsentscheidung 3
### 5 Punkte                    **                    12 Minuten

Die Maschinenbau AG beabsichtigt, eine neue Fräsmaschine anzuschaffen. Die Firma Peter Schmidtke OHG bietet die Maschine zu folgenden Bedingungen an:

| | |
|---|---:|
| Listenpreis (netto) | 148.000 € |
| Rabatt | 5 % |
| Skonto (bei Zahlung innerhalb von 14 Tagen) | 2 % |
| Verpackung | 114 € |
| Fracht | 52 € |
| Lieferzeit | 10 Wochen |

Bei der Maschinenbau AG wird damit gerechnet, dass Kosten für die Installation der Fräsmaschine i. H. von 419 € und Kosten für Probeläufe von 669 € anfallen. Bei der Nutzungsdauer gehen die Schätzungen auseinander. Sie liegen zwischen 7 und 9 Jahren. Der Schrottwert der Fräsmaschine wird mit 4.500 €, die Abbruchkosten werden mit 980 € veranschlagt.

Die Maschine wird fremdfinanziert. Der bei der Maschinenbau AG verrechnete Zinssatz betrug im letzten Jahr allgemein 10 %. Der Kapitalmarktzins wird für absehbare Zeit auf 12 % bis 14 % geschätzt.

**Aufgabenstellung:**

a)  Ermitteln Sie den Nettopreis der Fräsmaschine.

b)  Stimmt der Nettopreis mit den Anschaffungskosten bzw. Anschaffungsausgaben überein (Begründung)?

c) Welche Nutzungsdauer empfehlen Sie für die Fräsmaschine?

d) Würden Sie einen Rest(erlös)wert bzw. Liquidationserlös der Fräsmaschine berücksichtigen, ggf. welchen?

e) Schlagen Sie den zu verwendenden Kalkulationszinssatz vor.

Die Lösung finden Sie auf Seite 118.

**FALL**

## Fall 14   Kapitalbedarfsrechnung 1
### 5 Punkte                    *                    12 Minuten

Dem Bilanzbuchhalter der Maschinenbau AG sind folgende Einnahmen und Ausgaben gegeben:

| Monat | Ausgaben T€ | Einnahmen T€ |
|---|---|---|
| Januar | 100 | 0 |
| Februar | 80 | 20 |
| März | 50 | 70 |
| April | 100 | 100 |
| Mai | 100 | 70 |
| Juni | 60 | 100 |
| Juli | 60 | 110 |
| August | 60 | 240 |
| September | 80 | 90 |
| Oktober | 100 | 40 |
| November | 110 | 0 |
| Dezember | 80 | 20 |

**Aufgabenstellung:**

a) Ermitteln Sie den Kapitalbedarf jeden Monats rechnerisch.

b) Wie kann der Kapitalbedarf vermindert werden, ohne dass sich die Werte der Ausgaben und Einnahmen verändern?

c) Nehmen Sie kritisch zu der Berechnung von Liquiditätsgraden Stellung.

Die Lösung finden Sie auf Seite 119.

FALL

## Fall 15   Rendite
**5 Punkte**                           *                        **12 Minuten**

Die Firma Abraham OHG beabsichtigt, ein Investitionsobjekt im Volumen von 2 Mio. € zu erstellen. Es ist geplant, die Investition wie folgt zu finanzieren:

| | |
|---|---:|
| Eigenkapital | 600.000 € |
| staatlich subventionierter Sonderkredit | 500.000 € |
| Darlehen der Hausbank | 900.000 € |

### Aufgabenstellung:

a) Ermitteln Sie, welche Rendite die Investition, ausgehend von der gesamten Finanzierungsstruktur, mindestens erbringen muss, wenn das Eigenkapital bislang zu 6,5 % angelegt war, der Sonderkredit zu 4,0 % verzinst wird und das Darlehen einen effektiven Zinssatz von 8,0 % besitzt.

b) Welche Problematik entsteht durch die Tilgung der Darlehen im Laufe der Jahre?

Die Lösung finden Sie auf Seite 120.

FALL

## Fall 16   Kapitalbedarfsrechnung 2
**5 Punkte**                          **                        **12 Minuten**

Ein Unternehmen, das Küchengeräte herstellt, soll errichtet werden. Bei der Planung der Ausgaben ist zu berücksichtigen, dass

► ein Fabrikgebäude im Wert von 750.000 € gekauft wird,

► Maschinen im Wert von 550.000 € benötigt werden,

► Ausgaben für Roh-, Hilfs- und Betriebsstoffe von täglich 9.000 € anfallen,

► Betriebs- und Geschäftsausstattung im Wert von 350.000 € erforderlich ist,

► Ausgaben für Löhne und Gehälter i. H. von 10.000 € täglich entstehen,

► sonstige ausgabenwirksame Aufwendungen i. H. von 1.000 € täglich anfallen.

Die Roh-, Hilfs- und Betriebsstoffe lagern 30 Tage, die Fertigerzeugnisse 8 Tage. Der Fertigungsprozess umfasst 10 Tage. Die Gründung und Ingangsetzung des Geschäftsbetriebes verursacht Ausgaben von 10.000 €.

### Aufgabenstellung:

a) Ermitteln Sie den Kapitalbedarf des Unternehmens, wenn für die Roh-, Hilfs- und Betriebsstoffe von den Lieferanten ein Ziel von 30 Tagen eingeräumt wird und die Fertigerzeugnisse binnen 10 Tagen bezahlt werden.

b) Wie verändert sich der Kapitalbedarf des Unternehmens, wenn die Roh-, Hilfs- und Betriebs- stoffe binnen 10 Tagen zu bezahlen sind, den Kunden aber aus Wettbewerbsgründen ein Zahlungsziel von 30 Tagen eingeräumt werden muss?

c) In welcher Weise verändert sich der Kapitalbedarf aus a), wenn es sich als möglich erweist, die Lagerdauer der Roh-, Hilfs- und Betriebsstoffe zu dritteln sowie der Fertigungserzeugnis- se zu vierteln?

Die Lösung finden Sie auf Seite 120.

## Fall 17  Annuitätendarlehen
**5 Punkte**                    **∗∗**                    **12 Minuten**

Bei der Abraham OHG soll eine neue Lagerhalle errichtet werden. Berechnungen ergeben, dass hierfür ein Kapitalbedarf von 800.000 € erforderlich ist.

Davon sollen 500.000 € durch Eigenmittel und 300.000 € durch einen Bankkredit finanziert werden.

Nach Rücksprache mit der Hausbank werden folgende Konditionen übermittelt:

| | |
|---|---|
| Nominalzinssatz: | 8 % |
| Laufzeit: | 5 Jahre |
| Auszahlung: | 100 % |
| Darlehensform: | Annuitätendarlehen |

**Aufgabenstellung:**

a) Erstellen Sie für das Bankdarlehen den Tilgungsplan.

b) Die Gesamtkapitalrentabilität liegt in der Abraham OHG bei 12 %. Warum sollten unter Ren- tabilitätsgesichtspunkten weniger Eigenmittel eingesetzt werden?

Die Lösung finden Sie auf Seite 121.

## Fall 18  Lohmann-Ruchti-Effekt
**7 Punkte**                    **∗∗**                    **17 Minuten**

Im Rahmen einer betriebsinternen Fortbildungsveranstaltung für die Mitarbeiter der Finanz- abteilung der Maschinenbau AG sollen Sie eine Power-Point-Präsentation zum Thema „Der Loh- mann-Ruchti-Effekt" vorbereiten.

**Aufgabenstellung:**

Was würden Sie in Ihrer Präsentation ansprechen?

Die Lösung finden Sie auf Seite 122.

FALL

## Fall 19 Investitionsentscheidungsprozess
### 12 Punkte            ∗∗∗          30 Minuten

Die Maschinenbau AG plant eine Investition. Zwei Möglichkeiten sind gegeben:

|  | Investitionsobjekt I | Investitionsobjekt II |
|---|---|---|
| Anschaffungswert | 98.000 € | 98.000 € |
| Liquidationserlös | 6.000 € | 8.000 € |
| Nutzungsdauer | 6 Jahre | 6 Jahre |
| Überschüsse | 18.000 € | 23.000 € |
| 1. Jahr | 22.000 € | 25.000 € |
| 2. Jahr | 20.000 € | 23.000 € |
| 3. Jahr | 26.000 € | 23.000 € |
| 4. Jahr | 25.000 € | 21.000 € |
| 5. Jahr | 24.000 € | 20.000 € |
| 6. Jahr | | |

**Aufgabenstellung:**

a) Ermitteln Sie mithilfe der internen Zinsfußmethode (rechnerisch), welches Investitionsobjekt das vorteilhaftere ist, wenn mit den Versuchszinssätzen P1 = 8 % und P2 = 12 % gerechnet wird und der Investor eine Mindestverzinsung von 10 % erwartet.

b) Wie ist die Vorteilhaftigkeit der Investition bei einer erwarteten Mindestverzinsung von 12 % zu beurteilen?

Die Lösung finden Sie auf Seite 123.

FALL

## Fall 20 Anleihe
### 6 Punkte            ∗∗          15 Minuten

Ein Unternehmen investiert in Industrieobligationen, die zu folgenden Konditionen ausgegeben werden:

| | |
|---|---|
| Auszahlungskurs | 96 % |
| Rückzahlungskurs | 100 % |
| Nominalzinssatz | 7 % |
| Laufzeit | 10 Jahre |

**Aufgabenstellung:**

a) Ermitteln Sie die einfache Effektivverzinsung der Industrieobligationen, wenn sie jährlich in gleichen Raten getilgt werden.

b) Wie entwickelt sich der einfache Effektivzinssatz, wenn die Industrieobligationen 4 Jahre tilgungsfrei sind und danach in gleichen jährlichen Raten getilgt werden?

c) Wie hoch wäre der einfache Effektivzinssatz, wenn die Konditionen aus b) gelten, der Rückzahlungskurs aber 104 % betragen würde?

Die Lösung finden Sie auf Seite 124.

## Fall 21 Finanzierungsentscheidung
### 6 Punkte ✱✱ 15 Minuten

Die Maschinenbau AG beabsichtigt ein nicht mehr betriebsnotwendiges Grundstück zu veräußern. Der Verkaufspreis soll 3.000.000 € betragen.

Es hat sich ein einziger Interessent gemeldet, der verschiedene Finanzierungsalternativen anbietet:

Alternative A:

Bezahlung des vollen Kaufpreises von 3.000.000 € sofort bei Vertragsabschluss.

Alternative B:

Anzahlung von 1.000.000 € sofort bei Vertragsabschluss und **drei weitere** Zahlungen über jeweils 1.000.000 € am Ende eines jeden Jahres, beginnend am Ende des ersten Jahres.

Alternative C:

Anzahlung von 500.000 € sofort bei Vertragsabschluss und **sechs weitere** Zahlungen über 500.000 € zu den gleichen Modalitäten wie in Alternative B.

**Aufgabenstellung:**

Welche Alternative ist für die Maschinenbau AG zum jetzigen Zeitpunkt die günstigere, wenn mit einem Kalkulationszinsfuß von 12 % gerechnet wird? Begründen Sie Ihre Entscheidung rechnerisch. Dabei haben Sie die Wahl zwischen folgenden finanzmathematischen Faktoren:

| | Kapitalwiedergewinnungsfaktor | Diskontierungssummenfaktor |
|---|---|---|
| 3 Jahre und 12 % | 0,416349 | 2,401831 |
| 6 Jahre und 12 % | 0,243226 | 4,111407 |

Die Lösung finden Sie auf Seite 125.

## Fall 22 Hauptversammlung
### 8 Punkte ✱✱ 20 Minuten

Die Maschinenbau AG plant ihre Hauptversammlung, die am 20.6.2018 stattfinden soll.

Die folgenden Tagesordnungspunkte sind u. a. in der Einladung aufgeführt:

1. Umstellung von Inhaberaktien auf Namensaktien

2. Ermächtigung zur Ausgabe von Options- und Wandelanleihen und damit Schaffung eines bedingten Kapitals

3. Die Erhöhung des Grundkapitals aus Gesellschaftsmitteln mit entsprechender Satzungsänderung

**Aufgabenstellung:**

a) Unterscheiden Sie die Kapitalerhöhung aus Gesellschaftsmitteln von der ordentlichen Kapitalerhöhung (Kapitalerhöhung gegen Einlagen).

b) Erläutern Sie den Unterschied zwischen Optionsanleihe und Wandelschuldverschreibung hinsichtlich der Gläubiger oder Eigentümereigenschaft.

c) Beschreiben Sie den Unterschied zwischen Inhaber- und Namensaktien. Geben Sie zwei Gründe für eine Umstellung an.

Die Lösung finden Sie auf Seite 125.

**FALL**

## Fall 23   Einzahlungs-Überschüsse
### 4 Punkte                    **       10 Minuten

Die Abraham OHG hat liquide Mittel im Übermaß zur Verfügung. Diese möchte sie in Mietwohnobjekte anlegen. Von einem Makler sind ihr zwei vergleichbare Mietwohnhäuser angeboten worden, deren Anschaffungsauszahlungen etwa gleich hoch sind. Nachstehend sind die zu erwartenden Einzahlungsüberschüsse dargestellt:

| Jahre | Immobilie 1 | Immobilie 2 |
|-------|-------------|-------------|
| 1 | 20 T€ | 55 T€ |
| 2 | 25 T€ | 45 T€ |
| 3 | 55 T€ | 50 T€ |
| 4 | 75 T€ | 25 T€ |
| 5 | 15 T€ | 15 T€ |

**Aufgabenstellung:**

a) Ermitteln Sie die gesamten Einzahlungsüberschüsse in den ersten 5 Jahren für jede Immobilie.

b) Begründen Sie aus Sicht der Investitionsrechnung, für welches Objekt Sie sich entscheiden würden, wenn nur die Investitionsüberschüsse betrachtet werden (keine Berechnungen).

Die Lösung finden Sie auf Seite 126.

## Fall 24    Finanzierungsregeln
**4 Punkte**                                    **✳✳**                                    **10 Minuten**

Die Maschinenbau AG benötigt einen neuen Lkw. Der Nettokaufpreis (ohne USt) beträgt 250.000 €. Die betriebsindividuelle Nutzungsdauer wird auf 4 Jahre geschätzt.

Folgende Finanzierungsalternativen sind denkbar:

► Ausschöpfung des Kontokorrentkredits;

► Aufnahme eines Bankkredits über 250.000 € mit einer Laufzeit von vier Jahren und einer jährlichen Tilgung von 62.500 €.

**Aufgabenstellung:**

Beurteilen Sie die Finanzierungsmöglichkeiten unter dem Aspekt der goldenen Finanzierungsregel und der goldenen Bilanzregel.

Die Lösung finden Sie auf Seite 126.

## Fall 25    Grundpfandrechte 1
**4 Punkte**                                    **✳**                                    **10 Minuten**

Hypothek und Grundschuld sind Grundpfandrechte. Aufgrund dieser Kreditsicherheiten können Grundstücke und grundstücksgleiche Rechte als Kreditsicherheiten verwendet werden. Die Auszubildende der Abraham OHG, Frau Elke Zillinger, hat in diesem Zusammenhang an den Gesellschafter, Herrn Martin Lange, einige Fragen.

**Aufgabenstellung:**

a) Was bedeuten die Bezeichnungen, dass eine Hypothek akzessorisch und eine Grundschuld abstrakt (fiduziarisch) ist?

b) Warum ist eine Hypothek nicht, aber eine Grundschuld durchaus für die Sicherung von Kontokorrentkrediten geeignet?

Die Lösung finden Sie auf Seite 127.

## Fall 26   Cashflow
**7 Punkte**                          **\*\***                    **17 Minuten**

Die Maschinenbau AG hat zum 31. 12. 2017 folgende Bilanz veröffentlicht (in T€):

| Aktiva | | Passiva | |
|---|---|---|---|
| Sachanlagen | 800 | gezeichnetes Kapital | 1.000 |
| Finanzanlagen | 400 | Kapitalrücklage | 200 |
| Vorräte | 400 | Gewinnrücklagen | 100 |
| Forderungen | 500 | Pensionsrückstellungen | 260 |
| Kasse/Bank | 250 | langfr. Fremdkapital | 420 |
| | | kurzfr. Fremdkapital | 370 |
| | 2.350 | | 2.350 |

Die Gewinn- und Verlustrechnung per 31. 12. 2017 stellt sich wie folgt dar (in T€):

| | |
|---|---|
| Umsatzerlöse | 2.450 |
| Aufwand für RHB | 1.050 |
| Löhne und Gehälter | 800 |
| Aufwand für Altersversorgung | 120 |
| Abschreibung auf Sachanlagen | 200 |
| sonstige betriebliche Aufwendungen | 40 |
| Zinsen und ähnliche Aufwendungen | 100 |
| Ergebnis der gewöhnlichen Geschäftstätigkeit | 140 |
| außerordentliche Erträge | 280 |
| außerordentliche Aufwendungen | 120 |
| außerordentliches Ergebnis | 160 |
| Steuern vom Einkommen und Ertrag | 80 |
| sonstige Steuern | 20 |
| Jahresüberschuss | 200 |

Der Aufwand für Altersversorgung führte i. H. von 20 Mio. € zur Auszahlung an die im Ruhestand befindlichen Mitarbeiter, die Pensionsrückstellungen werden um 100 Mio. € erhöht.

**Aufgabenstellung:**

a) Berechnen Sie den Cashflow.

b) Zeigen Sie auf, welche Positionen der Bilanz zum 31. 12. 2017 sich durch die Angaben für 2018 ändern. Ermitteln Sie die neuen Beträge. Dabei gelten folgende Annahmen:

Vom Jahresüberschuss soll die Hälfte als Dividende ausgeschüttet werden.

Der Cashflow wurde im abgelaufenen Geschäftsjahr wie folgt verwendet:

– 70 % wurden in Sachanlagen investiert;

– 20 % wurden zum Abbau von kurzfristigen Verbindlichkeiten verwendet;

– 10 % wurden den liquiden Mitteln zugeführt.

c) Stellen Sie die Vorteile der Cashflow-Finanzierung gegenüber der Fremdfinanzierung dar.

Die Lösung finden Sie auf Seite 127.

**FALL**

## Fall 27 Kostenvergleichsrechnung
## 10 Punkte  ** 24 Minuten

Die Maschinenbau AG benötigt für den Fertigungsbereich Stahlbleche, die sie entweder durch einen Lieferanten für 25 € pro Stück beziehen oder selbst herstellen kann. Für die Eigenproduktion stehen zwei Maschinen alternativ zur Wahl:

|  | Maschine A | Maschine B |
|---|---|---|
| Anschaffungskosten: | 48.000 € | 120.000 € |
| Nutzungsdauer: | 6 Jahre | 6 Jahre |
| Leistungsmenge pro Jahr: | 8.000 Stück | 10.000 Stück |
| Gehälter: | 10.000 € | 10.000 € |
| sonstige fixe Kosten: | 7.690 € | 12.000 € |
| variable Kosten: |  |  |
| Löhne: | 44.000 € | 16.000 € |
| Materialkosten: | 80.000 € | 90.000 € |
| sonstige variable Kosten: | 6.000 € | 6.000 € |
| Kalkulationszinsfuß: | 8 % | 8 % |

### Aufgabenstellung:

a) Ermitteln Sie die günstigste Alternative zwischen Fremdbezug, Maschine A und Maschine B mithilfe der Kostenvergleichsrechnung.

b) Bei welcher Stückzahl fallen bei Maschine A und bei Maschine B gleich hohe Kosten an?

Die Lösung finden Sie auf Seite 128.

**FALL**

## Fall 28   Skonto
### 5 Punkte                    *                    12 Minuten

Die Zahlungsbedingungen eines Lieferanten der Maschinenbau AG lauten: „Bei Zahlung innerhalb 14 Tagen 3 % Skonto, 30 Tage netto". Um unter Abzug von Skonto zahlen zu können, muss ein Kontokorrentkredit zu einem Zinssatz von 10,5 % p. a. aufgenommen werden.

**Aufgabenstellung:**

a) Wie hoch ist der effektive Jahreszins?

b) Wie hoch ist der Finanzierungsgewinn oder der Finanzierungsverlust (in €) für eine Rechnung über 95.200 € (einschließlich 19 % USt)?

c) Welche wesentlichen Gemeinsamkeiten und Unterschiede haben Kontokorrent- und Avalkredit?

Die Lösung finden Sie auf Seite 129.

**FALL**

## Fall 29   Grundpfandrechte 2
### 7 Punkte                    **                    17 Minuten

Die Finanzabteilung der Maschinenbau AG hat zu prüfen, ob im Grundbuch eine Hypothek oder Grundschuld eingetragen werden soll, um einen Kontokorrentkredit abzusichern.

**Aufgabenstellung:**

a) Wo im Grundbuch stehen die Belastungen durch Grundpfandrechte?

b) Ist die Hypothek oder ist die Grundschuld zur Absicherung von Kontokorrentkrediten geeignet (Begründung)?

c) Erläutern Sie, was mit den Begriffen **akzessorisch** und **abstrakt** (fiduzarisch) im Zusammenhang mit Hypothek und Grundschuld gemeint ist.

Die Lösung finden Sie auf Seite 130.

FALL

## Fall 30   Zinssicherung
**5 Punkte**                    **       **              **12 Minuten**

Für das aktive Zinsmanagement bieten sich Wertpapier-Derivate an, um

► die Zinskosten zu senken,

► die Zinserträge zu steigern und

► die Risiken zu minimieren.

**Aufgabenstellung:**

a) Erläutern Sie den Unterschied zwischen Caps und Swaps.

b) Die Maschinenbau AG hat eine Geldanlage mit variabler Verzinsung getätigt. Sie sollen der Geschäftsleitung vorschlagen, wie eine Zinsabsicherung erfolgen kann, wenn der Zinssatz eine vorher festgelegte Untergrenze unterschreitet.

Die Lösung finden Sie auf Seite 130.

FALL

## Fall 31   Leasing
**7 Punkte**                    **       **              **17 Minuten**

Die Abraham OHG plant Handelswaren über ein eigenes Vertriebsnetz zu veräußern. Hierfür sollen eigene Fahrzeuge der Mittelklasse angeschafft werden.

Der Listenpreis für einen Pkw beträgt 32.000 €. Der Händler ist bereit bei Abnahme von mindestens 10 Wagen und sofortiger Zahlung einen Preisnachlass von 10 % auf den Listenpreis einzuräumen. Die betriebliche Nutzungsdauer der Pkw wird mit 4 Jahren veranschlagt. Danach sollen die Fahrzeuge für 8.000 € (ohne Umsatzsteuer) pro Stück veräußert werden.

Als Finanzierungsalternativen stehen ein Bankkredit oder Leasing zur Wahl.

Bei Leasing beträgt die Leasingrate pro Monat und Fahrzeug 550 €. Außerdem fällt eine einmalige Sonderzahlung von 6.400 € pro Pkw an. Die Laufzeit des Leasingvertrags ist 48 Monate. Die Hausbank räumt uns einen Kredit zu folgenden Konditionen ein:

| | |
|---|---|
| Auszahlung | 97 %, |
| Zinssatz: | 6,5 % p. a., |
| Tilgung: | am Ende der Laufzeit von 4 Jahren. |

**Aufgabenstellung:**

a) Berechnen Sie die Anschaffungskosten bei Abnahme von 10 Fahrzeugen.

b) Entscheiden Sie, ob dem Unternehmen Leasing oder Fremdfinanzierung (Berücksichtigung von Bankkredit, Abschreibungen, Liquidationserlös) zu empfehlen ist, wenn 10 Wagen abgenommen werden. Berechnen Sie hierzu die Jahreskosten pro Fahrzeug. Wählen Sie die statische Berechnungsmethode.

c) Welche Auswirkungen hätte es auf die Finanzierungsalternativen, wenn die Abraham OHG nur 5 Fahrzeuge abnehmen würde?

Die Lösung finden Sie auf Seite 131.

FALL

**Fall 32   Finanzplanung**
**         7 Punkte                        **                17 Minuten**

Die Maschinenbau AG hat in ihr Verkaufsprogramm einen neu entwickelten Schweißautomaten aufgenommen. Durch die Abteilung Fertigungssteuerung wurde ermittelt, dass für die Herstellung einer Anlage in Einzelfertigung durchschnittlich 4 Wochen erforderlich sind. Anschließend kann mit der Fertigung des nächsten Schweißautomaten begonnen werden.

Die Maschine wird zu einem Stückpreis von 210.000 € verkauft. Den Kunden wird ein Zahlungsziel von 4 Wochen eingeräumt, das auch eingehalten wird.

Durch die Controlling-Abteilung wurden folgende fertigungsbezogene durchschnittliche Ausgaben ermittelt:

| | |
|---|---:|
| 1. Woche: | 80.000 € |
| 2. Woche: | 25.000 € |
| 3. Woche: | 20.000 € |
| 4. Woche: | 15.000 € |

**Aufgabenstellung:**

a) Erstellen Sie den Finanzplan in Tabellenform für einen Zeitraum von 12 Wochen.

b) Wie hoch ist der Kapitalbedarf?

c) Welche kurzfristige Finanzierungsmöglichkeit sehen Sie, um den Kapitalbedarf abzudecken?

Die Lösung finden Sie auf Seite 132.

## Fall 33  Ersatzinvestition
### 5 Punkte           *           12 Minuten

Die Maschinenbau AG steht vor der Frage, eine vorhandene CNC-Universalmaschine durch eine neue Maschine des gleichen Typs zu ersetzen. Die alte Maschine hat 200.000 € gekostet und ist seit 5 Jahren in Betrieb (maximale Nutzungsdauer: 8 Jahre). Die Anschaffungskosten der neuen Maschine belaufen sich auf 250.000 €. Ein Restwert bleibt bei der alten Maschine unberücksichtigt.

### Aufgabenstellung:

Ist es sinnvoll, die alte Maschine zu ersetzen, wenn der Betrieb mit einem Kalkulationszinsfuß von 10 % rechnet und folgende Werte ermittelt wurden?

|  | Maschine alt | Maschine neu |
|---|---|---|
| sonstige fixe Kosten (Jahr): | 40.000 € | 30.000 € |
| variable Kosten (Jahr): | 17.500 € | 16.250 € |

Die Lösung finden Sie auf Seite 132.

## Fall 34  Finanzierungsarten
### 34 Punkte           **           10 Minuten

Nachstehend finden Sie die stark vereinfachte Bilanz der Maschinenbau AG für das abgelaufene Geschäftsjahr (alle Angaben in Mio. €):

| Aktiva | | Passiva | |
|---|---|---|---|
| Anlagevermögen | 1.230,00 | gezeichnetes Kapital | 410,00 |
| Vorräte | 353,80 | Kapitalrücklage | 210,00 |
| Forderungen | 202,20 | Gewinnrücklagen | 140,00 |
| liquide Mittel | 114,00 | Bilanzgewinn | 40,00 |
|  |  | Pensionsrückstellungen | 100,00 |
|  |  | sonstige Rückstellungen | 60,00 |
|  |  | langfr. Fremdkapital | 830,00 |
|  |  | kurzfr. Fremdkapital | 110,00 |
|  | 1.900,00 |  | 1.900,00 |

Zusätzliche Hinweise:

► Der Bilanzgewinn wurde in voller Höhe als Dividende ausgeschüttet.

► Der Jahresüberschuss betrug 160,00 Mio. €. Davon wurden 120,00 Mio. € thesauriert.

► Die sonstigen Rückstellungen sind kurzfristig.

► Die Fremdkapitalzinsen betrugen im vergangenen Geschäftsjahr laut Gewinn- und Verlust-rechnung 11 Mio. €.

► Die Eigenkapitalquote beträgt im Branchendurchschnitt 18 %.

► Das Unternehmen plant eine Erweiterungsinvestition in einem Gesamtvolumen von 130 Mio. €.

**Aufgabenstellung:**

a) Prüfen Sie, ob die goldene Bilanzregel in der engen und der weiten Fassung im abgelaufenen Geschäftsjahr eingehalten wurde.

b) In welcher Höhe hat das Unternehmen offene Selbstfinanzierung betrieben?

c) In welchen Bilanzpositionen ist stille Selbstfinanzierung zu vermuten (Begründung)?

d) Wie hoch sind Eigenkapital- und Gesamtkapitalrentabilität?

e) Beurteilen Sie die Eigenkapitalquote des Unternehmens.

f) Prüfen Sie, ob und inwieweit die Rücklagen zur Finanzierung der geplanten Investition he-rangezogen werden können.

g) Bei einer Abteilungsleiterkonferenz schlägt der Leiter der Marketingabteilung vor, die geplante Investition durch eine Kapitalerhöhung aus Gesellschaftsmitteln zu finanzieren. Nehmen Sie zu diesem Vorschlag Stellung.

Die Lösung finden Sie auf Seite 133.

**FALL**

## Fall 35   Kapitalerhöhung
### 10 Punkte                    **∗∗**                    24 Minuten

In der Einladung zur Hauptversammlung der Maschinenbau AG ist ein Tagesordnungspunkt die Änderung der Satzung wegen einer Kapitalerhöhung i. H. von 50 % in Form des genehmigten Kapitals gemäß §§ 202 bis 206 AktG.

**Aufgabenstellung:**

Als Mitarbeiterin/Mitarbeiter der Finanzabteilung haben Sie die folgenden Fragen zu klären:

a) Worin bestehen Gemeinsamkeiten und Unterschiede zwischen der ordentlichen Kapitalerhöhung und der Kapitalerhöhung in Form des genehmigten Kapitals?

b) Der Kurs der Altaktien beträgt 58,00 €. Als Ausgabekurs für die jungen Aktien sind 43,00 € vorgesehen. Welchen rechnerischen Wert hat das Bezugsrecht?

c) Welche Bedeutung hat das Bezugsrecht?

Die Lösung finden Sie auf Seite 134.

**FALL**

## Fall 36   Zession
###        8 Punkte               **             20 Minuten

Ein Kredit der Abraham OHG soll bei der Hausbank durch eine stille Zession besichert werden.

Im Kreditvertrag sind unter anderem die folgenden Klauseln zu finden:

„… Kommt ein Schuldner seinen Zahlungsverpflichtungen nicht fristgemäß nach oder bestehen anderweitige Zweifel an der Zahlungsfähigkeit des Schuldners, so behält sich die Bank das Recht vor, die stille Zession in eine offene Zession umzuwandeln. Zur Wahrung dieses Rechts bedarf es der schriftlichen Mitteilung an den Kreditnehmer, wobei eine Begründung nicht erforderlich ist. Die Zession ist in der Form der Mantelzession durchzuführen."

**Aufgabenstellung:**

a) Was wird unter einer Zession verstanden?

b) Warum hat die Abraham OHG mit der Hausbank eine stille Zession vereinbart?

c) Aus welchen Gründen hat die Hausbank die obige Klausel in den Vertrag aufgenommen?

d) Wodurch unterscheiden sich Mantel- und Globalzession?

Die Lösung finden Sie auf Seite 135.

**FALL**

## Fall 37   Stille Gesellschaft
###        5 Punkte               *             12 Minuten

Die Abraham OHG plant den Bau eines Warenverteilzentrums für Unterhaltungselektronik in München. Der dafür erforderliche Kapitalbedarf soll durch Aufnahme des Kaufmanns Manfred Raddatz als stiller Gesellschafter abgedeckt werden.

Im Vertrag zwischen der Abraham OHG und Raddatz steht unter anderem:

„Der Kaufmann Manfred Raddatz (nachfolgend stiller Gesellschafter genannt) beteiligt sich an der Abraham OHG i. H. von 100.000 €. Die Beteiligung erfolgt in stiller Form (stille Gesellschaft gemäß §§ 230 bis 237 HGB und §§ 705 bis 740 BGB). Es wird ausdrücklich vereinbart, dass der stille Gesellschafter an den stillen Reserven des Unternehmens beteiligt ist. Des Weiteren wird dem stillen Gesellschafter das Recht eingeräumt, ausschließlich im Innenverhältnis, die Organisation des Warenverteilzentrums in leitender Funktion zu übernehmen. Der stille Gesellschafter ist mit 15 % am Jahresreingewinn beteiligt, wobei seine Arbeitsleistung damit abgegolten ist. Eine Verlustbeteiligung ist ausgeschlossen."

**Aufgabenstellung:**

a) Um welche Finanzierungsform handelt es sich?

b) Welche Art der stillen Gesellschaft liegt vor?

Die Lösung finden Sie auf Seite 136.

FALL

## Fall 38 Kurssicherung
### 8 Punkte           **            20 Minuten

Die Maschinenbau AG beabsichtigt 40 Maschinen, mit einem Auftragsvolumen von 12.000.000 €, nach Südostasien zu exportieren. Der Käufer verlangt zwingend die Fakturierung in US-Dollar. Bei den Vertragsverhandlungen zeichnet es sich ab, dass der Vertrag nur dann zustande kommt, wenn die Maschinenbau AG dem Kunden einen Lieferantenkredit mit 12-monatiger Laufzeit einräumt. Nach Rücksprache mit der Finanzabteilung und der Hausbank ist davon auszugehen, dass der Kurs des US-Dollars in absehbarer Zeit fallen wird. Deshalb soll die Absicherung mithilfe von Off-Balancesheet-Instrumenten erfolgen.

a) Vergleichen Sie Devisentermingeschäft und Devisenoptionsgeschäft als Möglichkeiten der Kursabsicherung.

b) Die Produktionszeit für die 40 Maschinen wird mit 8 Monaten veranschlagt. Die Vorfinanzierung der Produktion sowie die Finanzierung des Lieferantenkredits sollen über die AKA erfolgen.

Ihre Aufgabe ist es, diese Finanzierungsmöglichkeit darzulegen.

Die Lösung finden Sie auf Seite 136.

## Fall 39 Kapitalflussrechnung
**10 Punkte**          ✱✱          **24 Minuten**

Für den Jahresabschluss (31.12.2017) hat die Maschinenbau AG eine Kapitalflussrechnung erstellt (in T€):

| | | |
|---|---|---:|
| 1. | Jahresüberschuss | 16.200,00 |
| 2. | Abschreibungen auf das Anlagevermögen | 5.200,00 |
| 3. | Einzahlungen von Kunden | 6.600,00 |
| 4. | sonstige Einzahlungen | 1.200,00 |
| 5. | Auszahlungen an Beschäftigte | -14.200,00 |
| 6. | Auszahlungen an Lieferanten | -4.100,00 |
| 7. | sonstige Auszahlungen | -600,00 |
| 8. | **Mittelzufluss aus betrieblicher Tätigkeit** | 10.300,00 |
| 9. | Einzahlungen aus Abgängen des Sachanlagevermögens | 800,00 |
| 10. | Auszahlungen für Investitionen in das Sachanlagevermögen | -7.800,00 |
| 11. | Einzahlungen aus Abgängen des immateriellen Anlagevermögens | 500,00 |
| 12. | Auszahlungen für Investitionen in das Finanzanlagevermögen | -700,00 |
| 13. | Auszahlungen für den Erwerb von Tochterunternehmen | -8.000,00 |
| 14. | **Mittelabfluss aus der Investitionstätigkeit** | -15.200,00 |
| 15. | Einzahlungen aus Eigenkapitalzuführung | 6.000,00 |
| 16. | Auszahlungen an Unternehmenseigner und Minderheitengesellschafter | -1.000,00 |
| 17. | Einzahlungen aus der Aufnahme von Anleihen und Krediten | 2.500,00 |
| 18. | Auszahlungen (Zinsen und Tilgung) für Anleihen und Kredite | -400,00 |
| 19. | **Mittelzufluss aus der Finanzierungstätigkeit** | 7.100,00 |
| 20. | zahlungswirksame Veränderungen des Finanzmittelbestandes im Geschäftsjahr 2008 | 2.200,00 |
| 21. | wechselkursbedingte Veränderungen der liquiden Mittel | 0,00 |
| 22. | Finanzmittelbestand am 1.1.2017 | 1.200,00 |
| 23. | **Finanzmittelbestand am Ende des Geschäftsjahres 2017** | 3.400,00 |

**Aufgabenstellung:**

a) Berechnen Sie den Cashflow. Aus den Bilanzen der Maschinenbau AG ist zu entnehmen:

|  | Geschäftsjahr 2016 | Geschäftsjahr 2017 |
|---|---|---|
| Pensionsrückstellungen | 3.500 T€ | 2.100 T€ |
| kurzfristige Rückstellungen | 800 T€ | 1.200 T€ |

b) Berechnen Sie die Nettokreditaufnahme.

c) Zeigen Sie auf, wofür der Zufluss an finanziellen Mitteln verwendet wurde.

Die Lösung finden Sie auf Seite 137.

**FALL**

## Fall 40   Liquidität
### 10 Punkte                    **            24 Minuten

Dem Anlagenspiegel der Maschinenbau AG sind die folgenden Informationen entnommen:

| T€ | Anschaffungs- bzw. Herstel- lungskosten (AK/HK) zum 1.1.01 | Zugänge zu AK/HK | kumulierte Ab- schreibungen im Geschäfts- jahr 01 | Buchwert zum 31.12.01 | Buchwert am 31.12.00 | Abschreibun- gen im Ge- schäftsjahr 01 |
|---|---|---|---|---|---|---|
| Anlage- vermögen | 6.000 | 1.300 | 3.200 | 4.100 | 5.600 | 400 |

Aus der Controllingabteilung erhalten Sie die folgenden Daten:

► Eigenkapitalquote 30 %,

► Deckungsgrad I (Eigenkapital / Anlagevermögen · 100) = 120 %,

► liquide Mittel: 5 % des Gesamtvermögens,

► kurzfristige Forderungen: 15 % des Gesamtvermögens,

► kurzfristige Verbindlichkeiten: 18 % des Gesamtkapitals.

**Aufgabenstellung:**

a) Was wird unter Liquidität verstanden?

b) Wie hoch ist die Liquidität 1., 2. und 3. Grades? Runden Sie die Kennzahlen auf eine Stelle nach dem Komma.

c) Aus welchen Gründen ist der Aussagewert von Liquiditätskennzahlen eingeschränkt?

Die Lösung finden Sie auf Seite 138.

## Fall 41   Selbstfinanzierung 1
### 12 Punkte                    **                    30 Minuten

Es liegen Ihnen die Bilanzen der Maschinenbau AG für die letzten beiden Geschäftsjahre vor. Sie werden mit folgenden Arbeiten betraut:

a) Berechnen Sie die Veränderung der offenen Selbstfinanzierung gegenüber dem Vorjahr (in T€ und %).

b) Erörtern Sie die Vorteile der Finanzierung von Investitionen durch Selbstfinanzierung gegenüber der Kreditfinanzierung.

c) Führen Sie auf, wodurch stille Selbstfinanzierung zustande kommt.

d) In welchen Bilanzpositionen können sich Anteile von stiller Selbstfinanzierung befinden?

Bilanzen der Maschinenbau AG in T€:

| Aktiva | Berichtsjahr | Vorjahr | Passiva | Berichtsjahr | Vorjahr |
|---|---|---|---|---|---|
| **Anlagevermögen** | | | gezeichnetes Kapital | 5.000,00 | 5.000,00 |
| immaterielles Vermögen | 400,00 | 380,00 | Kapitalrücklage | 500,00 | 500,00 |
| Sachanlagen | 5.900,00 | 3.000,00 | Gewinnrücklagen | 3.000,00 | 2.500,00 |
| Finanzanlagen | 3.000,00 | 1.500,00 | Bilanzgewinn | 1.500,00 | 1.000,00 |
| | | | | | |
| **Umlaufvermögen** | | | Pensionsrück-stellungen | 6.000,00 | 4.000,00 |
| Vorräte | 7.900,00 | 8.100,00 | andere Rück-stellungen | 200,00 | 100,00 |
| Forderungen | 5.200,00 | 4.100,00 | | | |
| Kassenbestand | 100,00 | 120,00 | langfr. Verb. geg. Kreditinst. | 6.500,00 | 5.000,00 |
| Bankguthaben | 2.500,00 | 1.800,00 | Verb. aLL | 1.500,00 | 750,00 |
| | | | übrige kurzfr. Verbindlichk. | 800,00 | 150,00 |
| **Summe Aktiva** | 25.000,00 | 19.000,00 | **Summe Passiva** | 25.000,00 | 19.000,00 |

Die Lösung finden Sie auf Seite 139.

**FALL**

## Fall 42   Selbstfinanzierung 2
### 10 Punkte                    **            24 Minuten

Im Rahmen eines Vortrags sollen Sie u. a. zu folgenden Themen referieren:

a)  Die Merkmale der offenen Selbstfinanzierung

b)  Möglichkeiten der Selbstfinanzierung der Aktiengesellschaft unter besonderer Berücksichtigung der Rücklagen

Die Lösung finden Sie auf Seite 140.

**FALL**

## Fall 43   Rücklagen
### 10 Punkte                    **            24 Minuten

In der Bilanz einer AG ist zu lesen (in €):

|  |  | Passiva |
|---|---|---:|
| A. | Eigenkapital | |
| | I.   gezeichnetes Kapital | 60.000.000 |
| | II.  Kapitalrücklage | 3.000.000 |
| | III. Gewinnrücklagen | |
| |    1.   gesetzliche Rücklage | 1.000.000 |
| |    2.   andere Gewinnrücklagen | 500.000 |
| | IV.  Verlustvortrag | 8.000.000 |

Aus der Gewinn- und Verlustrechnung der AG ist zu entnehmen:

Jahresüberschuss 20.000.000 €

Vorstand und Aufsichtsrat machen von ihrem Einstellungsrecht nach § 58 Abs. 2 AktG Gebrauch. Danach können sie einen Teil des Jahresüberschusses, höchstens jedoch die Hälfte, in andere Gewinnrücklagen einstellen.

**Aufgabenstellung:**

Berechnen Sie die zu bildende gesetzliche Rücklage, die maximalen anderen Gewinnrücklagen, den Bilanzgewinn. Wie hoch ist die durch die Verwendung des Jahresüberschusses gebildete offene Selbstfinanzierung?

Lösungshinweis: Zur Lösung siehe auch Fall 42.

Die Lösung finden Sie auf Seite 141.

FALL

## Fall 44    Annuitätenmethode
### 10 Punkte                    **                    24 Minuten

Die Maschinenbau AG plant den Kauf eines neuen Spritzgussautomaten (A). Der Anschaffungspreis der Maschine liegt bei 320.000 €. Die Zahlungsbedingungen lauten: 50 % des Kaufpreises sofort bei Lieferung, 50 % am Ende des 1. Jahres. Außerdem fallen in $t_0$ an: Montagekosten und Kosten für Testlauf und Inbetriebnahme i. H. von 10.000,00 €.

Die Maschinenbau AG geht von einer Nutzungsdauer von 8 Jahren und einem Kalkulationszinsfuß von 10 % ($i = 0,1$) aus.

Es wird mit konstanten Einnahmeüberschüssen i. H. von 150.000,00 € pro Jahr und einem Liquidationserlös von 30.000,00 € am Ende des letzten Jahres gerechnet.

Für eine baugleiche Maschine (B) wurde bereits die Annuität berechnet. Diese beträgt 25.000,00 € pro Jahr.

**Aufgabenstellung:**

a) Berechnen Sie für die Maschine A die Annuität.

b) Beurteilen Sie die Vorteilhaftigkeit der beiden Maschinen.

c) Für welche Maschine sollte sich die Maschinenbau AG entscheiden (Begründung)?

d) Wie hoch ist der Kapitalwert ($C_0$) der Maschine B?

e) Ein Mitarbeiter der Finanzabteilung schlägt vor, den Kalkulationszinsfuß auf 20 % zu erhöhen, da hohe Zinsen vorteilhaft seien. Entkräften Sie diesen Vorschlag.

Die Lösung finden Sie auf Seite 142.

FALL

## Fall 45    Investitionsrechnung
### 17 Punkte                    ***                    40 Minuten

Die Maschinenbau AG hat mit der Horch GmbH in Zwickau einen Vertrag über die Lieferung von flexiblen Leiterplatten abgeschlossen. Das Auftragsvolumen beträgt 200.000 Stück pro Jahr, die zu einem Festpreis von 15 € pro Stück abgenommen werden. Außerdem besteht eine Abnahmegarantie über einen Zeitraum von 5 Jahren.

Für die Durchführung des Auftrags muss die Maschinenbau AG drei Bestückungsautomaten erwerben. Der Anschaffungspreis für einen Automaten beläuft sich auf 450.000 €. Außerdem werden für Fracht, Montage und Fundamentierung insgesamt 25.000 € berechnet.

Die Controlling Abteilung hat ermittelt, dass mit jährlichen Auszahlungen von 1.900.000 € im ersten Jahr auszugehen ist. Es wird in den kommenden Jahren mit einer Verteuerung des Fertigungsmaterials gerechnet. Die Auszahlungen würden sich dadurch im besten Fall (best case) um jährlich 5 %, im schlechtesten Fall (worst case) um 20 % erhöhen.

Nach dem Ablauf von 5 Jahren sollen die Automaten demontiert und verschrottet werden, wodurch noch einmal Kosten i. H. von 10.000 € anfallen.

Die Maschinenbau AG rechnet mit einem Kalkulationszinsfuß von 12 %.

**Aufgabenstellung:**

a) Beurteilen Sie mithilfe der Kapitalwertmethode die Investitionsmaßnahme und zwar für den günstigsten Fall und für den schlechtesten Fall.

Folgende finanzmathematische Faktoren stehen für die Berechnungen zur Auswahl:

| Jahr | Aufzinsungsfaktor | Abzinsungsfaktor | Diskontierungs- summenfaktor |
|---|---|---|---|
| 1 | 1,12 | 0,892857 | 0,892857 |
| 2 | 1,2544 | 0,797194 | 1,690051 |
| 3 | 1,404928 | 0,71178 | 2,401831 |
| 4 | 1,573519 | 0,635518 | 3,037349 |
| 5 | 1,762342 | 0,567427 | 3,604776 |

b) Erläutern Sie, wie sich eine Veränderung der von der Maschinenbau festgesetzten Mindestverzinsung auf die Ergebnisse zu a) auswirken würde? Mit welcher Investitionsrechnungsmethode kann die tatsächliche Verzinsung der Investitionsmaßnahmen ermittelt werden?

c) Welche Kritik lässt sich an den dynamischen Verfahren der Investitionsrechnung üben?

Die Lösung finden Sie auf Seite 144.

**FALL**

## Fall 46   Kapitalwertmethode
### 12 Punkte                         ∗∗∗                        30 Minuten

Die Maschinenbau AG plant den Kauf einer Kunststoffspritzgussmaschine zur Herstellung von Typenschildern für die Automobilindustrie.

Der Nettopreis beträgt 50.000 €. Die Maschine soll 3 Jahre genutzt und am Ende des dritten Jahres für 2.000 € verkauft werden. Es wird davon ausgegangen, dass 10.000 Stück pro Jahr gefertigt und zu einem Stückpreis von 10 € abgesetzt werden. An variablen Stückkosten werden 5 € angesetzt und die Fixkosten sind 20.000 € jährlich.

Für diese Investition wird ein Kalkulationszinsfuß von 10 % angenommen.

**Aufgabenstellung:**

a) Lohnt sich die Investition? Wenden Sie für die Berechnung die Kapitalwertmethode an, wobei für die Berechnung folgende finanzmathematische Faktoren zur Wahl stehen:

| Jahr | Aufzinsungs-faktor | Abzinsungs-faktor | Diskontierungs-summenfaktor | Kapitalwiederge-winnungsfaktor |
|------|------|------|------|------|
| 1 | 1,1 | 0,909091 | 0,909091 | 1,1 |
| 2 | 1,21 | 0,826446 | 1,735537 | 0,57619 |
| 3 | 1,331 | 0,751315 | 2,486852 | 0,402115 |

b) Um wie viel € und % verändert sich der Kapitalwert, wenn der Stückdeckungsbeitrag um 10 % sinkt?

Die Lösung finden Sie auf Seite 145.

**FALL**

## Fall 47 Finanzierungsentscheidung
### 17 Punkte                    ∗∗∗                    40 Minuten

Die Strukturbilanz der Maschinenbau AG für das abgelaufene Geschäftsjahr 02 sieht wie folgt aus:

| Aktiva | Strukturbilanz (in T€) | | Passiva |
|--------|------|------|------|
| Anlagevermögen | 6.000 | Eigenkapital | 3.000 |
| Umlaufvermögen | 9.000 | Verbindlichkeiten | 11.000 |
| | 15.000 | | 15.000 |

Die Gewinn- und Verlustrechnung weist für das Geschäftsjahr 02 einen Jahresüberschuss von 590 T€, Abschreibungen von 60 T€ und Zinsaufwendungen von 80 T€ aus.

Die langfristigen Rückstellungen in 01 sind 120 T€ und in 02 betragen sie 70 T€. Die kurzfristigen Rückstellungen betragen in 01 60 T€ und in 02 90 T€.

Das Unternehmen plant für das kommende Jahr (Geschäftsjahr 03) Erweiterungsinvestitionen in einem Gesamtvolumen von 1.000 T€. Es ist beabsichtigt, die Investition durch den Cashflow des Geschäftsjahres 02 zu finanzieren. Ein eventueller Fehlbetrag soll durch ein langfristiges Bankdarlehen ausgeglichen werden. Die Kreditkonditionen der Bank sind: Nominalzinssatz 6 %, Disagio 3 %.

Der durchschnittliche Fremdkapitalzinssatz der Maschinenbau AG ist ebenfalls 6 %.

**Aufgabenstellung:**

a) Reicht der Cashflow aus, um die geplanten Investitionen damit zu finanzieren?

b) Über welchen Betrag muss ggf. das Bankdarlehen lauten?

c) Berechnen Sie die Eigenkapitalquote und den Verschuldungsgrad für das Geschäftsjahr 02.

d) Welchen Einfluss auf die Kennzahlen ergeben sich, wenn das Unternehmen in Höhe des eventuellen Fehlbetrags das Bankdarlehen aufnimmt?

e) Berechnen Sie die Eigenkapital- und die Gesamtkapitalrentabilität.

f) Erläutern Sie, wie sich die Aufnahme des Bankdarlehens auf die Eigenkapitalrentabilität auswirkt?

g) Wie wirkt sich das Disagio auf die Effektivverzinsung des Bankdarlehens aus?

h) Im Umlaufvermögen befinden sich festverzinsliche Wertpapiere über 350 T€. Wie könnten die Wertpapiere zur Besicherung des Bankdarlehens herangezogen werden?

Die Lösung finden Sie auf Seite 146.

**FALL**

## Fall 48    Finanzplan
### 17 Punkte            ***            40 Minuten

Als Assistent/in des Finanzvorstands der Maschinenbau AG haben Sie im Rahmen der kurzfristigen Planungsrechnung die Aufgabe, den voraussichtlichen Kapitalbedarf für den Planungszeitraum von Juli bis September (3. Quartal) zu ermitteln.

Von der Abteilung Controlling erhalten Sie die folgenden Angaben und Planzahlen:

**liquide Mittel (Kasse, Bankguthaben) Anfang Juli:**      812.500,00 €

**Umsatzerlöse:**

     25 % gehen im laufenden Monat unter Abzug von 2 % Kundenskonto ein,
     75 % gehen nach 2 Monaten ein.

     Umsatzerlöse im Mai:      800.200,00 €

     Umsatzerlöse im Juni:      920.000,00 €

     Planzahlen:

| | | |
|---|---|---|
| | Juli: | 810.000,00 € |
| | August: | 660.000,00 € |
| | September: | 940.000,00 € |

**weitere zu erwartende Einzahlungen:**

     – aus Vermietung und Verpachtung:      monatlich      40.200,00 €

     – Abgang von Vermögensgegenständen im Monat Juli      60.000,00 €

**Planzahlen für die Auszahlungen:**

| | | |
|---|---|---|
| Fertigungsmaterial: | monatlich | 220.000,00 € |
| Personalkosten: | monatlich | 410.000,00 € |
| Steuern: | monatlich | 20.000,00 € |

Auszahlungen für bebaute Grundstücke:

| | | |
|---|---|---|
| | Juli: | 16.000,00 € |
| | August: | 21.000,00 € |
| | September: | 0,00 € |
| sonstige Auszahlungen: | monatlich | 30.000,00 € |

geplante Investitionen:

| | | |
|---|---|---|
| | Juli: | 180.000,00 € |
| | August: | 200.000,00 € |

**weitere Angaben zu den Auszahlungen:**

– zu erwartende Preissteigerungen beim Fertigungsmaterial 8 % ab September

– zu erwartende Lohnerhöhung ab August 5 %

– bei den Steuern werden im Juli zusätzlich 10.000,00 € fällig

**Aufgabenstellung:**

a) Erstellen Sie den Finanzplan für das 3. Quartal. Überschüsse oder Fehlbeträge sind in den jeweils nächsten Monat zu übernehmen. Der Überschuss am Ende des 2. Quartals betrug 270.000,00 €.

b) Berechnen Sie die Liquidität 1. Grades (Barliquidität) für Juli, wenn sich das kurzfristige Fremdkapital auf 1.250.000,00 € belief.

c) Welche Werte benötigen Sie noch, um die Liquidität 2. und 3. Grades zu ermitteln?

d) Warum haben Liquiditätskennzahlen nur einen begrenzten Aussagewert?

Die Lösung finden Sie auf Seite 147.

FALL

## Fall 49   Kapitalbedarfsrechnung 3
### 12 Punkte                    ∗∗∗                    30 Minuten

Die Maschinenbau AG plant eine neue Fertigungsstraße zu errichten. Hierfür sind insgesamt 20.000.000 € eingeplant. Es stehen Eigenmittel i. H. von 12.000.000 € zur Verfügung. Über die restlichen 8.000.000 € besteht eine verbindliche Kreditzusage der Hausbank.

Es wird von weiteren folgenden Daten ausgegangen:

Der Einkaufspreis der Fertigungsstraße beläuft sich auf 15.000.000 €. Hierauf gewährt uns der Hersteller einen Preisnachlass von 5 %. Hinzu kommen weitere 16.000 € für die Montage. Die Transportversicherung beträgt 0,05 % vom Einkaufspreis, die Fracht beläuft sich auf 4.000 €.

Von den Lieferanten des Fertigungsmaterials erhalten wir durchschnittlich ein Zahlungsziel von 30 Tagen.

Die Kunden bezahlen die gelieferten Erzeugnisse nach durchschnittlich 20 Tagen.

Von der Abteilung Arbeitsvorbereitung erhalten wir die folgenden Informationen:

► durchschnittliche Lagerdauer für Fertigungsmaterial 4 Tage,
► Produktionsdauer 5 Tage,
► durchschnittliche Lagerdauer Fertigerzeugnisse 3 Tage,
► pro Tag 60.000 € durchschnittlicher Fertigungsmaterialverbrauch,
► pro Tag 80.000 € durchschnittliche Fertigungslöhne,
► Materialgemeinkosten fallen 10 Tage vor Materialanlieferung an,
► Fertigungslöhne fallen bei Fertigungsbeginn an,
► Fertigungsgemeinkosten fallen 12 Tage vor Fertigungsbeginn an,
► Verwaltungs- und Vertriebsgemeinkosten fallen 16 Tage vor Materiallieferung an.

Von der Abteilung Controlling bekommen wir folgende Zuschlagsätze mitgeteilt:

► Materialgemeinkostenzuschlagsatz 16 %,
► Fertigungsgemeinkostenzuschlagsatz 120 %,
► Verwaltungs- und Vertriebsgemeinkostenzuschlagsatz 6 %.

**Aufgabenstellung**

a) Berechnen Sie den Kapitalbedarf für das Anlage- und Umlaufvermögen.

b) Reichen die vorhandenen Mittel zur Kapitalbedarfsdeckung aus?

Die Lösung finden Sie auf Seite 149.

# D. Kosten- und Leistungsrechnung

FALL

## Fall 1   Abgrenzungen in der Ergebnistabelle
### 10 Punkte           *           24 Minuten

Bei der Maschinenbau AG fallen im Monat August folgende Aufwendungen und Erträge an:

| | |
|---|---:|
| Umsatzerlöse | 3.400 T€ |
| Bestandsveränderungen | + 400 T€ |
| aktivierte Eigenleistungen | 100 T€ |
| Mieterträge | 80 T€ |
| Erträge aus der Auflösung von Wertbericht. zu Forderungen | 25 T€ |
| Erträge aus dem Abgang von Vermögensgegenständen | 30 T€ |
| Erträge aus der Herabsetzung von Rückstellungen | 75 T€ |
| Zinserträge | 55 T€ |
| Aufwendungen für Rohstoffe | 800 T€ |
| Aufwendungen für Hilfsstoffe | 150 T€ |
| Fremdinstandhaltung (für Maschinen) | 50 T€ |
| Löhne | 1.000 T€ |
| Gehälter | 750 T€ |
| Arbeitgeberanteil zur Sozialversicherung | 350 T€ |
| Abschreibungen auf Sachanlagen | 320 T€ |
| Büromaterial | 20 T€ |
| Versicherungsbeiträge | 70 T€ |
| Verluste aus dem Abgang von Vermögensgegenständen | 70 T€ |
| Steuern | 100 T€ |
| Zinsaufwendungen | 40 T€ |

An kalkulatorischen Kosten werden verrechnet:

| | |
|---|---:|
| kalkulatorische Abschreibungen | 200 T€ |
| kalkulatorische Zinsen | 90 T€ |

**Aufgabenstellung:**

Aus den Aufwendungen und Erträgen sind in einer Ergebnistabelle nach folgendem Muster das Gesamtergebnis, das neutrale Ergebnis und das Betriebsergebnis zu ermitteln.

| Rechnungskreis I | | | Rechnungskreis II | | | | | |
|---|---|---|---|---|---|---|---|---|
| GuV-Rechnung | | | neutrales Ergebnis | | | | Betriebsergebnis | |
| | | | Abgrenzung | | Kostenrechn. Korrekturen | | | |
| Konto | Aufw. T€ | Ertrag T€ | Aufw. T€ | Ertr. T€ | betriebliche Aufw. T€ | verrechn. Kosten T€ | Kosten T€ | Leistungen T€ |

Die Lösung finden Sie auf Seite 152.

**FALL**

## Fall 2   Kalkulatorische Abschreibung
**4 Punkte**                    *                    **10 Minuten**

Die Maschinenbau AG schreibt einen Lkw zu 30 % zeitabhängig und zu 70 % leistungsabhängig kalkulatorisch ab. Die Nutzungsdauer des Lkw, der bei ganzjährigem Einsatz im Lade- und Kurzstreckenverkehr eingesetzt wird, beträgt 8 Jahre, die maximale Kilometerleistung 400.000 km. Anschaffungswert 105.000 €. Index im Anschaffungsjahr 105, im Wiederbeschaffungsjahr 140. Im zweiten Nutzungsjahr hat der Lkw insgesamt 82.000 km zurückgelegt. Das Geschäftsjahr der Maschinenbau AG stimmt mit dem Kalenderjahr überein.

**Aufgabenstellung:**

Die kalkulatorische Abschreibung am Ende des 2. Nutzungsjahres ist zu ermitteln.

Die Lösung finden Sie auf Seite 153.

**FALL**

## Fall 3   Ermittlung kalkulatorischer Zinsen
**8 Punkte**                    *                    **20 Minuten**

Die folgende Tabelle enthält Werte aus der Jahresbilanz zum 31.12.01 und die Planzahlen zum 30.6. und zum 31.12. des laufenden Geschäftsjahres 02. Der banküblische Zinssatz für langfristige Kapitalanlagen ist 6 %. Das Unternehmen rechnet bei der Investitionsrechnung mit einem Kalkulationszinssatz von 7 %. In der Geschäftsbuchführung werden Zinsaufwendungen i. H. von 3.000 € anfallen.

| Vermögen | 31.12.01 € | 30.6.02 € | 31.12.02 € |
|---|---|---|---|
| Grundstücke und Gebäude | 120.000 | 118.000 | 122.000 |
| Maschinen | 202.000 | 200.000 | 198.000 |
| Geschäftsausstattung | 49.000 | 48.000 | 53.000 |
| Vorräte | 190.000 | 200.000 | 210.000 |
| Forderungen | 205.000 | 200.000 | 195.000 |
| Zahlungsmittel | 48.000 | 50.000 | 52.000 |
| gesamt | 814.000 | 816.000 | 830.000 |

Die Beträge für Grundstücke und Gebäude enthalten ein für die Erweiterung des Betriebsgeländes zugekauftes Vorratsgrundstück im Wert von 20.000 €.

| Eigenkapital und Schulden | 31.12.01 € | 30.6.02 € | 31.12.02 € |
|---|---|---|---|
| Eigenkapital | 414.000 | 446.000 | 400.000 |
| Grundschuld | 202.000 | 200.000 | 198.000 |
| Verbindlichkeiten aLL | 148.000 | 150.000 | 152.000 |
| erhaltene Anzahlungen | 50.000 | 20.000 | 80.000 |
| gesamt | 814.000 | 816.000 | 830.000 |

**Aufgabenstellung:**

a) Das betriebsnotwendige Kapital ist zu ermitteln.

b) Die kalkulatorischen Zinsen sind zu errechnen.

c) Die Abgrenzung ist in einer Ergebnistabelle entsprechend Fall 1 durchzuführen.

Die Lösung finden Sie auf Seite 153.

FALL

## Fall 4  Vor- und Nachverrechnung
### 5 Punkte                    *                    12 Minuten

Die Maschinenbau AG zahlt jährlich zusammen mit dem Novembergehalt ein Weihnachtsgeld i.H. von 50 % eines Monatslohns bzw. eines Monatsgehalts an die Mitarbeiter. Zu Beginn des Jahres wurde mit einem Gesamtbetrag von brutto 840.000 € gerechnet. Tatsächlich ausgezahlt wurden 835.000 €.

Der Arbeitgeberanteil zur Sozialversicherung soll hier 20 % betragen.

**Aufgabenstellung:**

Die monatliche Abgrenzung jeweils in den Monaten Januar und Dezember sowie die Zahlung im November sind mit ihrem Einfluss auf das Gesamtergebnis, das neutrale Ergebnis und das Betriebsergebnis der 3 genannten Monate in einer Ergebnistabelle entsprechend Fall 1 darzustellen.

Die Lösung finden Sie auf Seite 154.

FALL

## Fall 5   Einfacher Betriebsabrechnungsbogen
### 15 Punkte                    *                    36 Minuten

Folgende Kosten und Leistungen haben in der Betriebsstätte Dresden der Maschinenbau AG zum Betriebsergebnis für den Monat Juli geführt.

|  | Kosten € | Leistungen € |
|---|---|---|
| 500 Umsatzerlöse |  | 770.000 |
| 521 Bestandsmehrung an unfertigen Erzeugnissen |  | 10.000 |
| 522 Bestandsminderung an fertigen Erzeugnissen | 5.000 |  |
| 600 Fertigungsmaterial | 211.600 |  |
| 602 Aufwendungen für Hilfsstoffe | 56.000 |  |
| 603 Aufwendungen für Betriebsstoffe | 9.000 |  |
| 620 Fertigungslöhne | 158.000 |  |
| 628 Hilfslöhne | 43.000 |  |
| 630 Gehälter | 78.000 |  |
| 640 AG-Anteil zur Sozialversicherung | 48.500 |  |
| kalkulatorische Abschreibungen | 117.000 |  |
| 670 Mietaufwendungen | 15.000 |  |
| 680 Büromaterial | 6.500 |  |
| 690 Versicherungsprämien | 1.500 |  |
| 692 Gebühren, Beiträge | 6.000 |  |
| 700 betriebliche Steuern | 8.000 |  |
| Summe | 763.100 | 780.000 |

Kostenstellen:

10 Beschaffung, 20 Fertigung, 30 Verwaltung, 40 Vertrieb

Rechnungseingänge Juli (Auszug):

| Beleg-Nummer | Beleg-Datum | Konto-Nummer | KST Nr. | Gegenkonto | Betrag € |
|---|---|---|---|---|---|
| 10897 | 3.7. | 680 | 10 | 4409 | 260 |
| 10899 | 8.7. | 680 | 20 | 4409 | 640 |
| 10905 | 12.7. | 680 | 30 | 4467 | 1.300 |
| 10926 | 14.7. | 680 | 40 | 4467 | 2.200 |
| 10935 | 22.7. | 680 | 40 | 4409 | 2.100 |
| | | | | | 6.500 |

Kostenartenliste 2, Juli (Hilfs- und Betriebsstoffaufwendungen nach Kostenstellen):

| Konto-Nr. | Kostenstelle | € | Summen € |
|---|---|---|---|
| Hilfsstoffaufwendungen | 10 | 800 | |
| 602 | 20 | 54.400 | |
| | 30 | 500 | |
| | 40 | 300 | 56.000 |
| Betriebsstoffaufwendungen | 10 | 600 | |
| 603 | 20 | 8.100 | |
| | 30 | 150 | |
| | 40 | 150 | 9.000 |

Kostenartenliste 3, Juli (Löhne und Gehälter):

| Konto-Nr. | Lohn-/ Gehaltsart | Kostenstelle | Summen je KST € | Summe je Kostenart € |
|---|---|---|---|---|
| Hilfslöhne | 02 | 10 | 2.800 | |
| 628 | | 20 | 40.200 | |
| | | 30 | 0 | |
| | | 40 | 0 | 43.000 |
| Gehälter | 01 | 10 | 9.000 | |
| 630 | | 20 | 41.000 | |
| | | 30 | 22.000 | |
| | | 40 | 6.000 | 78.000 |

Kostenartenliste 4, kalkulatorische Abschreibungen im Geschäftsjahr

| Kostenstelle | monatliche Abschreibung € | Summe € |
|---|---|---|
| 10 | 6.000 | |
| 20 | 85.000 | |
| 30 | 11.000 | |
| 40 | 15.000 | 117.000 |

Verzeichnis der Schlüssel:

| Bezugsgrundlage | Beschaffung 10 | Fertigung 20 | Verwaltung 30 | Vertrieb 40 | gesamt |
|---|---|---|---|---|---|
| Anzahl Mitarbeiter | 4 | 85 | 5 | 3 | 97 |
| qm | 300 | 1.000 | 120 | 80 | 1.500 |
| Anteile Steuern | 1 | 2 | 6 | 1 | 10 |
| Anteile Versicherungen | 2 | 11 | 1 | 1 | 15 |
| Anteile Gebühren/Beitr. | 2 | 5 | 4 | 1 | 12 |
| Normalzuschlagssätze | 12 % | 200 % | 7 % | 4 % | |

**Aufgabenstellung:**

a) Der Betriebsabrechnungsbogen ist zu erstellen. Die Sozialkosten sind nach der Anzahl der Mitarbeiter je Bereich, die Mieten sind nach qm und die Steuern, die Versicherungsbeiträge sowie die Gebühren und Beiträge sind nach den vorgegebenen Schlüsseln zu verteilen.

b) Die Herstellkosten des Umsatzes sind zu ermitteln.

c) Die Ist-Zuschlagssätze (Rundung auf eine Stelle nach dem Komma) sind zu ermitteln.

d) Die Über- bzw. die Unterdeckung in den Kostenstellen ist zu ermitteln.

Die Lösung finden Sie auf Seite 155.

**FALL**

## Fall 6   Kostenträgerzeitrechnung
### 17 Punkte                    **                    40 Minuten

In der Betriebsstätte Dresden der Maschinenbau AG werden die Produkte A und B gefertigt. Die Betriebsabrechnung hat auf der Grundlage des Betriebsabrechnungsbogens unter Fall 5 die folgenden Beträge ermittelt:

| | Produkt A € | Produkt B € | gesamt € |
|---|---|---|---|
| Fertigungsmaterial | 148.000 | 63.600 | 211.600 |
| Fertigungslöhne | 104.000 | 54.000 | 158.000 |
| Bestandsveränderungen: | | | |
| Mehrung fertige Erzeugnisse | 7.000 | 3.000 | 10.000 |
| Minderung unfertige Erzeugn. | 3.000 | 2.000 | 5.000 |
| Verkaufspreis je Stück (netto) | 1.020 | 1.300 | |
| Umsatzmenge | 500 | 200 | |

|  | Istgemeinkosten lt. BAB (€) | Normalzuschlagssätze (%) |
|---|---|---|
| Materialbereich | 26.460 | 12 |
| Fertigungsbereich | 287.040 | 200 |
| Verwaltungsbereich | 45.550 | 7 |
| Vertriebsbereich | 29.450 | 4 |

**Aufgabenstellung:**

a) Die Kostenträgerzeitrechnung mit den u. a. Spalten ist zu erstellen. Aus der Rechnung sollen mindestens die folgenden Werte hervorgehen: Herstellkosten des Umsatzes, Istzuschlagssätze mit zwei Nachkommastellen, Selbstkosten, Betriebsergebnis, Kostenüberdeckung bzw. Kostenunterdeckung gesamt, Umsatzergebnisse der Produkte.

Die Verwaltungsgemeinkosten und die Vertriebsgemeinkosten sollen auf die Herstellkosten des Umsatzes bezogen werden. Die Istzuschlagssätze sind dem BAB unter Fall 5 zu entnehmen.

Spalten in der Kostenträgerzeitrechnung:

| Kalkulationsschema | Istkosten | | Normalkosten | | | Abweichung |
|---|---|---|---|---|---|---|
|  | € | % | % | A | B | € |
| Fertigungsmaterial Material-GK usw. | | | | | | |

b) Die rechnerische Behandlung der Mehr- und Minderbestände ist zu begründen.

c) Welche Informationen liefert die Kostenträgerzeitrechnung nach Produktgruppen?

d) Der Beschäftigungsgrad hat sich erheblich geändert. Dürfen bzw. sollen die Normalgemeinkostenzuschlagssätze umgehend angepasst werden?

Die Lösung finden Sie auf Seite 156.

FALL

## Fall 7   Bezugskalkulation
### 2 Punkte       *       5 Minuten

Der Lieferer berechnet: Rechnungspreis lt. Eingangsrechnung netto 800,00 €, 5 % Rabatt, 2 % Skonto. Für Bezugskosten fallen netto 25,20 € an.

**Aufgabenstellung:**

Die Bezugskalkulation ist zu erstellen.

Die Lösung finden Sie auf Seite 158.

FALL

## Fall 8   Verkaufskalkulation im Handel
### 6 Punkte                        *                        14 Minuten

Bezugspreis 770,00 €. Das Unternehmen rechnet mit 25 % Handlungskosten, kalkuliert einen Gewinn von 10 % und gewährt 3 % Skonto sowie 5 % Rabatt.

**Aufgabenstellung:**

a) Ermitteln Sie den Nettoverkaufspreis.

b) Ermitteln Sie die Handelsspanne.

c) Ermitteln Sie den Kalkulationszuschlag.

d) Ermitteln Sie den Kalkulationsfaktor.

Die Lösung finden Sie auf Seite 159.

FALL

## Fall 9   Zuschlagskalkulation
### 10 Punkte                        *                        24 Minuten

Der Kostenrechner der Maschinenbau AG erstellt am 8.8.02 die Nachkalkulation für den Auftrag Nummer 33 480, Spezialvorrichtung für die Waggonbau GmbH, Nürnberg.

An Einzelkosten sind auf den Auftrag verschrieben worden:

| | |
|---|---:|
| Fertigungsmaterial (Materialeinzelkosten) | 20.500 € |
| Fertigungslöhne (Lohneinzelkosten) der Schmiede | 6.000 € |
| Fertigungslöhne der Dreherei | 7.000 € |
| Fertigungslöhne der Schlosserei | 4.000 € |
| Fertigungslöhne der Montage | 1.000 € |
| Sondereinzelkosten der Fertigung | 800 € |
| Sondereinzelkosten des Vertriebs | 3.000 € |

Zuschlagssätze für die Verrechnung der Gemeinkosten:

| | |
|---|---:|
| Materialgemeinkosten | 20 % |
| Fertigungsgemeinkosten Schmiede | 270 % |
| Fertigungsgemeinkosten Dreherei | 280 % |
| Fertigungsgemeinkosten Schlosserei | 220 % |
| Fertigungsgemeinkosten Montage | 200 % |
| Verwaltungsgemeinkosten | 10 % |
| Vertriebsgemeinkosten | 20 % |

Die Spezialvorrichtung wird zu einem Festpreis von 125.000 € plus 19 % USt abgerechnet.

**Aufgabenstellung:**

a) Die Nachkalkulation ist zu erstellen. Dabei sind die Materialkosten, die Fertigungskosten, die Herstellkosten, die Selbstkosten und das Auftragsergebnis darzustellen.

b) Die Begriffe Einzelkosten, Sondereinzelkosten der Fertigung, Sondereinzelkosten des Vertriebs und Gemeinkosten sind zu definieren.

   Zu jedem der vier Begriffe sind zwei Beispiele zu nennen.

Die Lösung finden Sie auf Seite 160.

FALL

## Fall 10  Zweistufige Divisionskalkulation
### 2 Punkte * 5 Minuten

Die Maschinenbau AG möchte das Produktsortiment diversifizieren und hat deshalb einen kleinen Betrieb aufgekauft, in dem hochwertige Spezialfolien hergestellt werden.

Im Abrechnungsmonat werden 200.000 m Folie hergestellt. Dabei sind in dem Betrieb insgesamt 300.000 € an Herstellkosten angefallen.

Für Verwaltungs- und Vertriebsgemeinkosten sind insgesamt weitere 40.000 € angefallen. Es wird mit einem Gewinnzuschlag von 10 % gerechnet.

**Aufgabenstellung:**

Der Verkaufspreis für 1 m Spezialfolie ist zu kalkulieren.

Die Lösung finden Sie auf Seite 161.

FALL

## Fall 11  Mehrstufige Divisionskalkulation
### 10 Punkte * 24 Minuten

Die Maschinenbau AG fertigt u. a. eine Vorrichtung für die Erweiterung der Auflagefläche bei Drehmaschinen. Die Herstellung erfolgt in zwei Stufen.

In der Abrechnungsperiode wurden in der ersten Stufe 100 Vorrichtungen gefertigt, in der zweiten Stufe 60 Vorrichtungen. Die gesamten Herstellkosten der ersten Stufe betrugen 200.000 €, die der zweiten Stufe 60.000 €. An Verwaltungsgemeinkosten sind 20.000 € und an Vertriebsgemeinkosten sind 40.000 € angefallen. Verkauft wurden 50 Vorrichtungen. Zu Beginn der Abrechnungsperiode lagen keine Lagerbestände an Vorrichtungen vor.

**Aufgabenstellung:**

a) Die Selbstkosten pro Vorrichtung der abgesetzten Menge sind zu ermitteln.

b) Die Herstellkosten pro Vorrichtung in der ersten Stufe sind zu ermitteln.

c) Die Herstellkosten der nicht verkauften Vorrichtungen sind zu ermitteln.

d) Der Wert der unfertigen und der fertigen Vorrichtungen am Lager ist zu ermitteln.

e) Die Unterschiede zwischen der einstufigen, der zweistufigen und der mehrstufigen Divisionskalkulation sind zu erklären.

Die Lösung finden Sie auf Seite 161.

## Fall 12    Einstufige Äquivalenzziffernkalkulation
### 9 Punkte                     *                     22 Minuten

Die Maschinenbau AG stellt Bohrmaschinen mit unterschiedlichen Leistungsstufen her. Folgende Daten stehen für die Kalkulation zur Verfügung:

| Leistungsstufe | Stückzahl | Fertigungsmaterial insgesamt |
|---|---|---|
| I | 1.000 | 10.000 € |
| II | 2.000 | 30.000 € |
| III | 1.000 | 20.000 € |
| | 4.000 | 60.000 € |

An Fertigungslöhnen fallen insgesamt 110.000 €, an Gemeinkosten fallen 370.000 € an. Das Unternehmen rechnet mit 10 % Gewinn auf die Selbstkosten, 3 % Kundenskonto, 20 % Wiederverkäuferrabatt und 19 % Umsatzsteuer.

**Aufgabenstellung:**

Mithilfe der Äquivalenzziffernkalkulation sind je Leistungsstufe die Selbstkosten gesamt und je Stück zu berechnen. Das Fertigungsmaterial soll Grundlage für die Zurechnung der übrigen Kosten sein.

Der Bruttoverkaufspreis für eine Bohrmaschine der Leistungsgruppe I ist zu ermitteln.

Die Lösung finden Sie auf Seite 162.

## Fall 13    Mehrstufige Äquivalenzziffernkalkulation
### 10 Punkte                     *                     24 Minuten

Die Maschinenbau AG prüft die Übernahme eines Unternehmens, in dem 3 Produkte hergestellt werden, die nach dem Verfahren der mehrstufigen Äquivalenzziffernkalkulation abgerechnet werden. Folgende Mengen und Werte der letzten Abrechnungsperiode wurden vorgelegt:

| Produkt | gefertigte Stückzahl | Verhältnis der Materialkosten | Verhältnis der Lohnkosten | Verhältnis der sonstigen Kosten |
|---|---|---|---|---|
| I | 600 | 1,0 | 1,5 | 1,2 |
| II | 300 | 2,0 | 1,0 | 1,5 |
| III | 200 | 1,5 | 1,8 | 1,0 |
| Gesamtkosten | | 5.500 € | 6.240 € | 4.110 € |

Das Unternehmen rechnet mit 12 % Gewinnzuschlag.

**Aufgabenstellung:**

a) Die Selbstkosten je Stück der 3 Produkte sind zu ermitteln.

b) Der Nettoverkaufspreis je Stück der 3 Produkte ist zu ermitteln.

c) Die Äquivalenzziffern zur unmittelbaren Errechnung der Selbstkosten je Stück sind festzustellen.

d) Die Voraussetzung für die Verwendung der Äquivalenzziffern zur unmittelbaren Errechnung der Selbstkosten ist anzugeben.

e) Die Unterschiede zwischen einstufiger und mehrstufiger Äquivalenzziffernkalkulation sind anzugeben.

Die Lösung finden Sie auf Seite 163.

FALL

## Fall 14   Unterschiedliche Kalkulationsverfahren
### 5 Punkte                    *                    12 Minuten

Definieren Sie die folgenden Kalkulationsverfahren und geben Sie an, in welchen Industriebetrieben diese Verfahren jeweils sinnvoll angewendet werden:

a) Einstufige Divisionskalkulation

b) Mehrstufige Divisionskalkulation

c) Äquivalenzziffernkalkulation

d) Zuschlagskalkulation

Die Lösung finden Sie auf Seite 165.

FALL

## Fall 15   Kuppelkalkulation nach dem Restwertverfahren
### 6 Punkte                    *                    15 Minuten

Ein Chemiebetrieb stellt ein Hauptprodukt und zwei Nebenprodukte in Kuppelproduktion her.

Von dem Hauptprodukt wurden in einer Abrechnungsperiode 10.000 kg zum Verkaufspreis von insgesamt 800.000 € verkauft, von dem Nebenprodukt X 4.000 kg für insgesamt 240.000 € und von dem Nebenprodukt Y 2.000 kg für insgesamt 90.000 €.

Für die Kuppelproduktion sind in der gleichen Abrechnungsperiode insgesamt 980.000 € an Kosten entstanden, für die Weiterverarbeitung von Produkt X sind 210.000 € und für die Weiterverarbeitung von Produkt Y sind 60.000 € angefallen.

**Aufgabenstellung:**

a) Die Herstellkosten je Einheit des Hauptprodukts sind zu ermitteln.

b) Der Begriff „Kuppelprodukt" ist zu definieren.

c) Es sind Beispiele für die Anwendung der Kuppelkalkulation zu nennen.

d) Es ist darzustellen, wann bei der Kalkulation von Kuppelprodukten die Restwertmethode angewendet wird.

Die Lösung finden Sie auf Seite 165.

**FALL**

## Fall 16 Kuppelkalkulation als Verteilungsrechnung
### 6 Punkte                              *                              15 Minuten

Der Chemiebetrieb stellt die Kuppelprodukte A, B und C her. Die folgenden Daten der Abrechnungsperiode stehen der Kostenrechnung zur Verfügung:

| Produkt | hergestellte Einheiten | Marktpreis € | Kosten der Abrechnungsperiode € |
|---|---|---|---|
| A | 18.000 | 90,00 | |
| B | 24.000 | 72,00 | |
| C | 25.600 | 45,00 | |
| | | | 3.500.000 |

**Aufgabenstellung:**

a) Die Selbstkosten je Einheit sind für jedes der Produkte zu ermitteln.

b) Es ist darzustellen, in welchen Fällen die Verteilungsrechnung angewandt wird.

c) Die Methoden der Verteilungsrechnung sind zu erläutern und deren Nachteile sind darzustellen.

Die Lösung finden Sie auf Seite 166.

FALL

## Fall 17   Maschinenstundensatzrechnung
**15 Punkte**                    **✱✱**                    **36 Minuten**

Die Maschinenbau AG führt einen Auftrag aus, der jeweils 5 Std. der Kapazität der Maschine A, 4 Std. der Kapazität der Maschine B und 3 Std. der Kapazität der Maschine C in Anspruch nimmt. Neben den über Maschinenstundensätze verrechneten Kosten fallen Materialeinzelkosten i. H. von 6.000 € an, auf die 15 % Materialgemeinkosten verrechnet werden. Außerdem fallen 350 € Lohneinzelkosten als Kostenstellenkosten und 530 € Sondereinzelkosten der Fertigung für Konstruktionsarbeiten an. Auf die Lohneinzelkosten ist ein Zuschlag von 110 % für die Restfertigungsgemeinkosten der Kostenstelle zu verrechnen. Auf die Herstellkosten II (einschl. Sondereinzelkosten) werden 15 % Verwaltungsgemeinkosten und 20 % Vertriebsgemeinkosten verrechnet. Der Auftrag wurde zu einem Festpreis von 12.500 € hereingenommen.

Betriebswirtschaftliche Grunddaten der Maschinen:

| Maschine | A | B | C |
|---|---|---|---|
| Wiederbeschaffungswert | 120.000 € | 100.000 € | 80.000 € |
| Nutzungsdauer | 10 Jahre | 10 Jahre | 10 Jahre |
| kalkulatorischer Zinssatz | 9 % | 9 % | 9 % |
| Instandhaltungsfaktor | 0,45 | 0,40 | 0,50 |
| Raumbedarf | 60 qm | 50 qm | 45 qm |
| kalkulatorische Jahresmiete | 120 €/qm | 120 €/qm | 120 €/qm |

| Maschine | A | B | C |
|---|---|---|---|
| Energiekosten | 3,50 €/Std. | 3,50 €/Std. | 3,50 €/Std. |
| Werkzeugkosten | 3,00 €/Std. | 2,80 €/Std. | 2,00 €/Std. |
| Kleinmaterial | 0,60 €/Std. | 0,50 €/Std. | 0,40 €/Std. |
| Lohnkosten | 30 €/Std. | 30 €/Std. | 30 €/Std. |

Daten zur Laufzeit der Maschinen:

| | Ausfallstunden jährlich | Arbeitsstunden jährlich |
|---|---|---|
| 52 Wochen à 38,5 Std. | 123 | 2.002 |
| 16 Tage à 7,7 Std. für Abwesenheit | 77 | |
| 10 Feiertage à 7,7 Std. | 231 | |
| 30 Urlaubstage à 7,7 Std. | 46 | |
| 1 Std. Reinigung je Woche | 95 | |
| 95 Std./Jahr Ausfall wegen Reparatur | 30 | |
| 30 Std./Jahr sonstige Ausfallzeiten | | |
| Gesamtzeiten | 602 | 2.002 |

**Aufgabenstellung:**

a) Die Jahreslaufzeit der Maschinen ist zu ermitteln.

b) Die Maschinenstundensätze für die Maschinen sind zu errechnen.

c) Die Selbstkosten des Auftrags und das Auftragsergebnis sind zu kalkulieren.

Die Lösung finden Sie auf Seite 167.

## Fall 18   Handelskalkulation
### 7,5 Punkte                    *                    18 Minuten

Die Abraham OHG kauft Elektroherde vom Typ Super-Cooker für 1.000 € netto ein. Der Lieferant gewährt der OHG 5 % Rabatt und 2 % Skonto. An Bezugskosten fallen pro Gerät 9 € an.

Die OHG rechnet mit 30 % Handlungskosten, kalkuliert einen Gewinn von 10 % und gewährt ihren Kunden 5 % Rabatt sowie 3 % Skonto bei einem Umsatzsteuersatz von 19 %. In die Kalkulation ist eine Vertriebsprovision von 2,5 % einzubeziehen.

**Aufgabenstellung:**

Zu ermitteln sind

a) der Bezugs- oder Einstandspreis,

b) die Selbstkosten und der Bruttoverkaufspreis,

c) die Höhe des Bezugspreises für einen Elektroherd, der für 1.000 € netto verkauft werden kann,

d) der Kalkulationszuschlag bei einem Bezugspreis von 900 €.

Die Lösung finden Sie auf Seite 168.

## Fall 19   Teilkostenrechnung
### 10 Punkte                    **                    24 Minuten

Im Monat Mai war die Produktionskapazität zu 90 % ausgelastet, im Juni nur noch zu 70 %. Die Produkte wurden ohne Lagerhaltung sofort verkauft. Verkaufserlös 160 € je Einheit. Aus der Betriebsabrechnung liegen folgende Zahlen vor:

Produktions- und Absatzmenge: im Mai 6.000 Stück, im Juni 5.000 Stück.

Gesamtkosten: im Mai 840.000 €, im Juni 750.000 €.

**Aufgabenstellung:**

a) Die variablen und die fixen Gesamtkosten und die variablen und fixen Stückkosten der jeweils letzten Produktionseinheit des Monats Juni sind zu ermitteln.

b) Der Gewinn und der Deckungsbeitrag der Monate Mai und Juni sind zu errechnen. Die Gewinnveränderung ist zu begründen.

c) Es ist zu errechnen und zu begründen, bis auf welchen Betrag – bei langfristiger Betrachtung, ausgehend von der Auslastung im Juni – der Nettoverkaufspreis je Stück fallen darf.

d) Es ist zu kalkulieren, auf wie viele Einheiten der Absatz bei dem bisherigen Verkaufspreis zurückgehen darf, ohne dass es zu einem Verlust kommt.

e) Es besteht die Möglichkeit, zu niedrigeren Preisen weitere Einheiten in osteuropäische Länder zu verkaufen. Es ist zu kalkulieren, welcher Erlös je Stück mindestens erzielt werden muss.

f) Die Grundbedingungen für die zusätzliche Fertigung für die osteuropäischen Länder sind darzustellen.

Die Lösung finden Sie auf Seite 169.

**FALL**

## Fall 20   Break-Even-Analyse und Preisuntergrenze
**7 Punkte**                   **\*\***                   **17 Minuten**

Für einen Teilbereich der Maschinenbau AG liegt die folgende Aufstellung der variablen Kosten für das Produkt D vor:

| | |
|---|---:|
| Fertigungsmaterial | 200 € |
| Materialgemeinkosten | 10 € |
| Fertigungslöhne | 180 € |
| Fertigungsgemeinkosten | 150 € |
| variable Herstellkosten | 540 € |
| variable Vertriebskosten | 18 € |
| variable Selbstkosten | 558 € |
| Fixkosten | 600.000 € |
| Preis pro Einheit | 1.058 € |
| Maximale Kapazität | 2.000 Stück |
| derzeitige Auslastung | 88 % |
| längerfristige durchschnittliche Auslastung | 80 % |

**Aufgabenstellung:**

a) Die Break-Even-Menge ist zu berechnen.

b) Der Betriebsgewinn und der Stückgewinn der derzeitigen Auslastung sind mittels der Deckungsbeitragsrechnung zu ermitteln.

c) Die kurzfristige und die langfristige Preisuntergrenze bei längerfristig durchschnittlicher Auslastung sind anzugeben und zu begründen.

Die Lösung finden Sie auf Seite 171.

**FALL**

## Fall 21  Optimale Sortimentsgestaltung
**16 Punkte**               **\*\***                **38 Minuten**

Die Maschinenbau AG stellt Werkbänke in drei verschiedenen Typen her. Für die Produktionsreihe Werkbänke wurden die folgenden monatlichen Mengen und Werte ermittelt:

|  | Typ A | Typ B | Typ C |
|---|---|---|---|
| maximale Absatzmenge in Stück | 400 | 100 | 300 |
| Preis pro Stück in € | 5,00 | 6,00 | 4,00 |
| variable Kosten €/Stück | 4,00 | 4,40 | 3,20 |
| Fertigungszeit im Engpass Min/Stück | 20 | 40 | 10 |

Die monatlichen Fixkosten des Fertigungsbereichs betragen 900 €. Im Engpass ist die Kapazität auf 200 Stunden begrenzt.

**Aufgabenstellung:**

a) Zu ermitteln sind die je Typ zu fertigenden Stückzahlen, die unter Berücksichtigung der Kapazität im Engpass zu einem optimalen Betriebsergebnis führen.

b) Die Veränderung der Produktreihenfolge und des Gesamterfolgs sind darzustellen für den Fall, dass die Maschinenbau AG zusätzlich eine Werkbank des Typs D fertigt, auf die die folgenden Daten zutreffen:

Absatzmenge 200 Stück, Preis je Stück 5 €, variable Kosten je Stück 2 €, Fertigungszeit im Engpass 15 Min.

c) Der Begriff des Deckungsbeitrags ist zu erläutern. Die Vorteile der Deckungsbeitragsrechnung gegenüber der Vollkostenrechnung sind darzustellen.

Die Lösung finden Sie auf Seite 172.

## Fall 22   Kalkulation von Zusatzaufträgen und Fremdbezug
**7 Punkte**                      **∗∗**                      **17 Minuten**

Die Maschinenbau AG hat eine Produktionsstätte in Rostock übernommen. Dort wird zunächst nur das Produkt A gefertigt. Die Maschinenbau AG rechnet mit einer jährlichen Absatzmenge von 40.000 Stück bei einem Nettoverkaufspreis von 46 €, variablen Stückkosten von 30 € und einem Fixkostenblock von 400.000 €. Da die Kapazität mit der Herstellung von Produkt A nicht voll genutzt wird, plant die Maschinenbau AG die Herstellung eines zweiten Produkts. Davon sollen jährlich 20.000 Stück zu einem Nettoverkaufspreis i. H. von 30 € je Stück verkauft werden. Die variablen Kosten pro Stück sollen 20 € betragen. Dieses Produkt B könnte allerdings auch ein benachbarter Betrieb in Rostock für 22 €/Stück an die Maschinenbau AG liefern.

Ein Großabnehmer würde jährlich 6.000 Stück von Produkt A zum Preis von 37 €/Stück abnehmen. Diese 6.000 Stück könnten ohne eine Erweiterung der Kapazität zusätzlich zu den o. a. 40.000 Stück verkauft werden.

**Aufgabenstellung:**

a) Die Selbstkosten je Stück und die Nutzenschwelle vor Aufnahme des zweiten Produkts sind zu berechnen.

b) Der Gesamtgewinn aus den Produkten A und B bei Eigenfertigung und bei Fremdbezug ist zu ermitteln.

c) Weisen Sie rechnerisch nach, ob sich die Fertigung von zusätzlich 6.000 Stück von Produkt A zum Verkaufspreis von 37 € lohnt.

Die Ergebnisse sind zu kommentieren.

Die Lösung finden Sie auf Seite 175.

## Fall 23   Deckungsbeitragsrechnung
**5 Punkte**                      **∗**                      **12 Minuten**

Die Maschinenbau AG stellt u. a. elektrische Handkreissägen her. Die Absatzmöglichkeiten haben sich infolge eines konjunkturellen Abschwungs und der verschärften Konkurrenz wesentlich verschlechtert. Auch die Vorratsfertigung auf Lager beinhaltet ein großes Risiko, da sowohl der technische Fortschritt als auch die Dauer des Konjunkturtiefs nicht berechenbar sind. Um die für monatlich 1.200 Kreissägen ausgelegte Fertigungskapazität nutzen zu können, soll der Verkaufspreis von 230 € auf 200 € gesenkt werden. Die Fixkosten betragen 120.000 € pro Monat, die variablen Kosten je Kreissäge belaufen sich auf 120 €.

**Aufgabenstellung:**

Die Richtigkeit der Entscheidung für eine Senkung der Verkaufspreise ist zu prüfen. Dazu sind

a) der Deckungsbeitrag und der Beitrag je Einheit zum Gesamtgewinn des Unternehmens bei einem Verkaufspreis von 230 € und von 200 € zu prüfen.

b) der gesamte Deckungsbeitrag und der gesamte Beitrag zum Erfolg des Unternehmens sind zu errechnen bei

   – Einschränkung der produzierten Menge auf 1.000 Einheiten,

   – vorübergehender Einstellung der Produktion.

c) Nennen Sie weitere Möglichkeiten der Bewirtschaftung und die Folgen einer Einschränkung oder gar vorübergehenden Einstellung der Produktion für die nahe und ferne Zukunft auch im Hinblick auf den Bestand an Maschinen und Facharbeitern.

Die Lösung finden Sie auf Seite 177.

**FALL**

## Fall 24   Preis-Mengen-Politik
   **10 Punkte**                    **✳✳**                         **24 Minuten**

Die Maschinenbau AG kann maximal 5.000 Einheiten des Produkts N herstellen. In den vergangenen Monaten wurden die folgenden Durchschnittswerte festgestellt:

| Kostenstelle | Einzelkosten je 1.000 Einheiten € | variable Gemeinkosten je 1.000 Einheiten € | fixe Kosten € |
|---|---|---|---|
| Material | 200.000 | 25.000 | |
| Fertigung | 100.000 | 20.000 | |
| Verwaltung/Vertrieb | | | |
| Fixkostenblock | | | 55.000 |

Die variablen Kosten verhalten sich proportional zur Ausbringung.

Hergestellt wurden 4.500 Einheiten bei einem Angebotspreis von 445 € je Einheit.

**Aufgabenstellung:**

a) Die Gesamtkosten für 1.000 Einheiten sind zu errechnen.

b) Die Nutzenschwelle ist zu ermitteln.

c) Die gewinnmaximale Ausbringungsmenge und der maximal erzielbare Betriebsgewinn sind zu ermitteln.

d) Die kurzfristige Preisuntergrenze ist festzustellen.

e) Die optimale Ausbringungsmenge (Betriebsoptimum) und deren Stückkosten sind zu errechnen.

f) Es ist zu prüfen, bei welcher Anzahl gefertigter Einheiten pro Monat ein Betriebsgewinn von 400.000 € erzielt werden kann.

Die Lösung finden Sie auf Seite 178.

## Fall 25   Mehrstufige Deckungsbeitragsrechnung
### 4 Punkte                          *                          10 Minuten

Ein Unternehmen fertigt 5 Produkte. Die folgende Tabelle enthält die zugehörigen Werte in T€:

| Produkt | Erzeugnisgruppe I | | Erzeugnisgruppe II | | |
|---|---|---|---|---|---|
| | A | B | C | D | E |
| Umsatzerlöse | 4.000 | 5.000 | 8.000 | 6.000 | 4.000 |
| variable Kosten | 2.100 | 3.000 | 4.500 | 3.200 | 2.300 |
| Erzeugnisfixkosten | 200 | 210 | 350 | 300 | 200 |

Die Erzeugnisgruppenfixkosten der Erzeugnisgruppe I belaufen sich auf 1.000 T€, die der Erzeugnisgruppe II auf 4.000 T€. Die Unternehmensfixkosten betragen 4.200 T€.

**Aufgabenstellung:**

a) Die Deckungsbeiträge der verschiedenen Stufen sind zu ermitteln.

b) Der Betriebserfolg ist zu ermitteln.

Die Lösung finden Sie auf Seite 179.

## Fall 26   Flexible Normalkostenrechnung
### 8 Punkte                          **                          19 Minuten

Die Normalgemeinkosten der Kostenstelle Lackiererei wurden für den Monat Januar bei einer erwarteten Beschäftigung von 3.000 Stunden mit 30.000 € angesetzt. Die Kosten enthalten 12.000 € fixe Kosten.

Im Ist sind im Januar insgesamt 26.000 € Kosten angefallen. Istbeschäftigung: 2.700 Stunden.

**Aufgabenstellung:**

Zu errechnen sind

a) der Verrechnungssatz für die proportionalen Normalgemeinkosten,

b) der Verrechnungssatz für die fixen Normalgemeinkosten,

c) der Normalgemeinkostensatz für die Normalbeschäftigung,

d) die verrechneten Normalgemeinkosten,

e) die Gesamtabweichung,

f) die Beschäftigungsabweichung,

g) die Verbrauchsabweichung.

Die Lösung finden Sie auf Seite 179.

## Fall 27   Starre Plankostenrechnung
### 5 Punkte                    **                    12 Minuten

Für die Dreherei der Maschinenbau AG wurde die Planbeschäftigung für ein Jahr mit 30.000 Stunden angesetzt, die Plankosten wurden mit 297.000 € festgelegt. Die Istbeschäftigung lag bei 24.000 Stunden und 264.000 € Istkosten.

**Aufgabenstellung:**

a) Der Plankostensatz ist zu ermitteln.

b) Die verrechneten Plankosten sind zu ermitteln.

c) Die Abweichung ist zu ermitteln.

Die Lösung finden Sie auf Seite 180.

## Fall 28   Variatorrechnung[1]
### 2,5 Punkte                    *                    6 Minuten

In einer Kostenstelle fallen 8.000 € variable Kosten an. Die Plankosten der Kostenstelle betragen 20.000 €.

**Aufgabenstellung:**

a) Der Variator ist zu ermitteln.

b) Der Begriff „Variator" ist zu definieren.

Die Lösung finden Sie auf Seite 181.

## Fall 29   Grenzplankostenrechnung
### 7,5 Punkte                                     **                          18 Minuten

Die Maschinenbau AG hat für die Presserei die folgenden Werte geplant:

| 1. Kapazitätsplanung: | Planbeschäftigungsgrad: | 100 % |
| | Planbezugsgröße: | 10.000 Std. |
| | Plankosten gesamt: | 68.000 € |
| | Plankosten fix: | 28.000 € |
| 2. Engpassplanung: | Planbeschäftigungsgrad: | 80 % |
| | Plankosten gesamt: | 60.000 € |
| | Plankosten fix: | 28.000 € |
| 3. Istbeschäftigung: | Istbeschäftigungsgrad: | 70 % |
| | Istkosten gesamt: | 57.400 € |
| | Istkosten fix: | 28.000 € |

**Aufgabenstellung:**

Im Rahmen der Kapazitätsplanung und der Engpassplanung sind mithilfe der Grenzplankostenrechnung zu ermitteln:

a) der Plankostenverrechnungssatz,

b) die verrechneten Plankosten bei Istbeschäftigung,

c) die Verbrauchsabweichungen.

Die Lösung finden Sie auf Seite 181.

## Fall 30   Kostenverhalten
### 13 Punkte                                    ***                         31 Minuten

Die Kostenanalyse analysiert die Kosteneinflussfaktoren und teilt die Kosten nach dem Verhalten bei Änderungen des Beschäftigungsgrads in fixe Kosten, variable Kosten und Mischkosten ein.

**Aufgabenstellung:**

a) Mindestens vier mögliche Kosteneinflussfaktoren sind zu nennen.

b) Die Begriffe fixe Kosten, variable Kosten und Mischkosten sind zu definieren.

c) Anhand von Beispielen sind die Kosten aufzuzählen, die bei der betrieblichen Nutzung einer Produktionsmaschine entstehen. Die genannten Beispiele sind den unter b) genannten Begriffen zuzuordnen.

d) Die drei Verfahren, der Kostenauflösung in fixe und variable Bestandteile, sind zu beschreiben.

e) Anhand von Beispielen ist darzustellen, ob Einzelkosten und Gemeinkosten fixe oder variable Kosten sind.

f) Der Begriff Kostenremanenz ist zu erklären.

Die Lösung finden Sie auf Seite 182.

**FALL**

## Fall 31   Kurzfristige Erfolgsrechnung
### 11 Punkte                          **                          26 Minuten

Der Maschinenbau AG liegen für den Monat Mai folgende Werte aus der Betriebsabrechnung vor:

| Produktgruppe | I | II | III |
|---|---|---|---|
| produzierte Menge | 30 | 20 | 25 |
| Absatzmenge | 32 | 16 | 22 |
| Absatzpreis/Stück | 95.000 € | 50.000 € | 40.000 € |
| Herstellkosten/Stück | 60.000 € | 40.000 € | 28.000 € |
| Herstellkosten der Altbestände | 57.000 € | 38.000 € | 27.000 € |

Die AG verrechnet 10 % Verwaltungsgemeinkosten und 18 % Vertriebsgemeinkosten auf die Herstellkosten des Umsatzes.

### Aufgabenstellung:

Das Betriebsergebnis soll nach dem Gesamtkostenverfahren und nach dem Umsatzkostenverfahren ermittelt werden.

Die Lösung finden Sie auf Seite 183.

**FALL**

## Fall 32   Abweichungsanalysen 1
### 10 Punkte                          ***                          23 Minuten

Für die Betriebsstätte in Dresden ist eine Leistung von 7.200 Stunden je Abrechnungsperiode geplant. Der Plankostenverrechnungssatz wurde mit 88 €/Std. ermittelt. Die Basisplankosten sind zu 36 % fix und zu 64 % variabel.

Nach Ablauf der Periode ergibt sich eine Leistung von 6.800 Stunden. Die Kosten betragen 92 €/Std.

**Aufgabenstellung:**

Zu ermitteln und zu kommentieren sind

a) die Gesamtabweichung,

b) die Verbrauchsabweichung,

c) die Beschäftigungsabweichung,

d) die Nutzkosten und die Leerkosten.

Die Lösung finden Sie auf Seite 185.

FALL

## Fall 33   Abweichungsanalysen 2
### 14 Punkte                    ***                    34 Minuten

Im Abrechnungsmonat lag eine Istbeschäftigung von 48.000 Arbeitsstunden vor. Die Plan-beschäftigung beträgt 64.000 Arbeitsstunden.

Außerdem liegen die folgenden Daten zur Abrechnungsperiode vor:

| Kostenart | Variator | Plankosten gesamt | Plankosten fix | Istkosten zu Istpreisen | Istkosten zu Planpreisen | Preisabwei-chung |
|---|---|---|---|---|---|---|
| Material | 9 | 4.000 | ? | 3.400 | 3.300 | ? |
| Lohn | ? | 1.000 | 800 | 1.000 | 1.000 | ? |
| übrige Kosten | ? | 2.000 | 1.000 | 1.800 | ? | - 100 |

**Aufgabenstellung:**

Zu ermitteln sind

a) der Beschäftigungsgrad,

b) die fixen und die variablen Anteile an den Plankosten für Material,

c) die Variatoren für den Lohn und für die übrigen Kosten,

d) die Sollkosten,

e) die Istkosten zu Planpreisen,

f) die Preisabweichungen nach Kostenartengruppen und gesamt,

g) die Verbrauchsabweichungen nach Kostenartengruppen und gesamt,

h) die Beschäftigungsabweichung,

i) die verrechneten Plankosten,

j) die Gesamtabweichung.

Die Lösung finden Sie auf Seite 186.

**FALL**

### Fall 34  Prozesskostenrechnung 1
**7 Punkte**                    **✱✱**                    **17 Minuten**

Die Vollkostenrechnung berücksichtigt nicht den Beschäftigungsgrad und arbeitet mit fragwürdigen Schlüsseln und Zuschlagssätzen. Die Teilkostenrechnung kennt nur eine unzureichende Gemeinkostenverrechnung. Deshalb prüft die Maschinenbau AG die Einführung der Prozesskostenrechnung.

**Aufgabenstellung:**

Zu erläutern sind

a) das Wesen der Prozesskostenrechnung,

b) die hauptsächlichen Anwendungsgebiete,

c) die Ziele der Prozesskostenrechnung.

Zu definieren sind die Begriffe

d) Prozesskostensatz,

e) leistungsmengeninduzierte Prozesskosten (lmi),

f) leistungsmengenneutrale Prozesskosten (lmn),

g) Kostentreiber.

Die Lösung finden Sie auf Seite 188.

FALL

## Fall 35   Prozesskostenrechnung 2
**4 Punkte**                     **\*\***                     **10 Minuten**

In der Kostenrechnung liegen die folgenden Werte vor:

| Teilprozesse | | Cost Driver | Imi – Prozessmenge | Teilprozesskosten in € | | |
| --- | --- | --- | --- | --- | --- | --- |
| | | | | gesamt | davon Imi | davon Imn |
| 1 | Angebote einholen | Anzahl Angebote | 200 | 6.000 | 4.000 | 2.000 |
| 2 | Bestellungen ausführen | Anzahl Bestellungen | 400 | 2.800 | 2.400 | 400 |
| 3 | Material annehmen | Anzahl Lieferungen | 600 | 4.800 | 4.200 | 600 |
| 4 | Abteilung leiten | – | – | 9.000 | – | 9.000 |
| Summe der Kosten | | | | 22.600 | 10.600 | 12.000 |

Die Lösung finden Sie auf Seite 189.

FALL

## Fall 36   Zielkostenrechnung (Target Costing)
**20 Punkte**                     **\*\*\***                     **48 Minuten**

Die Maschinenbau AG will ein neuartiges Werkzeug herstellen, das aus fünf Baugruppen besteht. Der besondere Kundennutzen besteht in der Betriebssicherheit und dem Bedienungskomfort. Die Standardkosten der fünf Baugruppen betragen:

Baugruppe 1                                                          5.000 €
Baugruppe 2                                                          4.000 €
Baugruppe 3                                                          9.000 €
Baugruppe 4                                                          4.000 €
Baugruppe 5                                                          3.000 €

Die Zielkosten für das Produkt dürfen insgesamt 23.000 € nicht überschreiten.

Eine Marktanalyse hinsichtlich der Einschätzung des Nutzens der Betriebssicherheit und des Bedienungskomforts brachte folgende Ergebnisse:

|  | Betriebssicherheit | Bedienungskomfort |
|---|---|---|
| Baugruppe 1 | 21 % | 15 % |
| Baugruppe 2 | 18 % | 12 % |
| Baugruppe 3 | 12 % | 33 % |
| Baugruppe 4 | 22 % | 18 % |
| Baugruppe 5 | 27 % | 22 % |
|  | 100 % | 100 % |

Die Kunden bewerten die Produktfunktionen Betriebssicherheit und Bedienungskomfort im Verhältnis 70 zu 30.

**Aufgabenstellung:**

Die Zielkostenindices je Baugruppe sind für die Produktfunktionen Betriebssicherheit und Bedienungskomfort einzeln und auch gesamt zu ermitteln.

Die Zielkosten der Baugruppen sind zu ermitteln.

Es ist festzustellen, bei welchen Baugruppen Kosten eingespart werden können, ohne die Chancen am Markt zu beeinträchtigen.

Die Lösung finden Sie auf Seite 189.

**FALL**

### Fall 37   Kostenmanagement
**6 Punkte**                    **✳✳**                    **15 Minuten**

Das Kostenmanagement dient dem Controlling von Geschäftsprozessen und deren Bewertung.

**Aufgabenstellung:**

a)  Die Aufgaben des Kostenmanagements sind zu nennen.

b)  Die Voraussetzungen für ein wirksames Kostenmanagement sind zu nennen.

Die Lösung finden Sie auf Seite 191.

**FALL**

### Fall 38   Qualitätskriterien[1]
**5 Punkte**                    **✳✳✳**                    **12 Minuten**

Die Qualität eines Kostenrechnungsverfahrens kann an bestimmten Kriterien gemessen werden.

**Aufgabenstellung:**

Es sind die Kriterien zu nennen, die die Qualität der Kostenrechnung beeinflussen.

Die Lösung finden Sie auf Seite 192.

FALL

## Fall 39 Eignung von Kostenrechnungsverfahren
### 8 Punkte                    ✱✱✱                    **20 Minuten**

Folgende Kostenrechnungssysteme lassen sich unterscheiden:

► Istkostenrechnung

► Normalkostenrechnung

► Plankostenrechnung

► Einstufige Deckungsbeitragsrechnung

► Mehrstufige Deckungsbeitragsrechnung

► Grenzplankostenrechnung

► Deckungsbeitragsrechnung mit relativen Einzelkosten

**Aufgabenstellung:**

Geben Sie an, welche(s) Kostenrechnungssystem(e) besonders geeignet ist/sind für:

a) Erfolgsplanung

b) Wirtschaftlichkeitsberechnungen im Rahmen der Planung

c) Preisfindung

d) Erfolgskontrolle

e) Kontrolle der Wirtschaftlichkeit

f) Nachweis der Selbstkosten bei öffentlichen Aufträgen

g) Nachweis bei Versicherungsfällen

h) Vorlage bei Kreditverhandlungen

Die Lösung finden Sie auf Seite 192.

**FALL**

## Fall 40   Mehrstufiger Betriebsabrechnungsbogen
**17,5 Punkte**                          *                          **42 Minuten**

Die Einzelangaben entnehmen Sie bitte dem Betriebsabrechnungsbogen auf den folgenden beiden Seiten.

| Kostenarten | gesamt | allgemeine Kostenstellen | |
| --- | --- | --- | --- |
| | | Pförtner | Fuhrpark |
| Hilfsstoffaufwendungen | 19.997 | 100 | 200 |
| Betriebsstoffaufwendungen | 7.177 | 50 | 300 |
| Fremdinstandhaltung | 1.400 | 0 | 500 |
| Hilfslöhne | 29.694 | 3.994 | 4.500 |
| Gehälter | 49.000 | 0 | 0 |
| Abschreibungen | 63.438 | 1.000 | 6.000 |
| Mieten | 12.800 | | |
| Büromaterial | 2.000 | 0 | 0 |
| Betriebssteuern | 5.494 | 0 | 194 |
| Summe Primärkosten | 191.000 | | |
| Umlage Pförtner | | | |
| Umlage Fuhrpark | | | |
| Istgemeinkosten | | | |
| Normalgemeinkosten | | | |
| Fertigungsmaterial | | | |
| Fertigungslöhne | | | |
| Herstellkosten des Umsatzes (Ist) | | | |
| Istgemeinkostensatz | | | |
| Normalgemeinkostensatz | | | |
| Über- bzw. Unterdeckung | | | |
| qm | 1.600 | 5 | 80 |
| Anzahl Mitarbeiter | 50 | 2 | 2 |
| Schlüssel Fuhrpark | 10 | 0 | 0 |

| Materialbereich | Fertigungskostenstellen | | Verwaltungs-bereich | Vertriebsbereich |
|---|---|---|---|---|
| | Dreherei | Fräserei | | |
| 1.000 | 10.000 | 8.000 | 397 | 300 |
| 300 | 3.000 | 2.600 | 500 | 427 |
| 400 | 300 | 100 | 0 | 100 |
| 10.000 | 5.000 | 3.000 | 3.200 | 0 |
| 12.000 | 4.000 | 4.000 | 14.000 | 15.000 |
| 11.310 | 19.788 | 16.340 | 4.000 | 5.000 |
| | | | | |
| 500 | 0 | 0 | 800 | 700 |
| 500 | 400 | 400 | 3.000 | 1.000 |
| | | | | |
| | | | | |
| 400.000 | | | | |
| | 12.000 | 10.000 | | |
| | | | | |
| 10 % | 385 % | 400 % | 6 % | 6,5 % |
| | | | | |
| 300 | 500 | 435 | 150 | 130 |
| 10 | 14 | 10 | 6 | 6 |
| 2 | 0 | 0 | 1 | 7 |

In der Abrechnungsperiode sind angefallen:

► 81.000 € Bestandsmehrungen an unfertigen Erzeugnissen

► 30.000 € Bestandsminderungen an fertigen Erzeugnissen

Es wird unterstellt, dass die Verwaltungs- und Vertriebsgemeinkosten von den umgesetzten Erzeugnissen verursacht worden sind.

Die Mieten werden nach qm verteilt.

Die Umlage der Allgemeinen Kostenstellen erfolgt nach dem Stufenverfahren. Die Kostenstelle Pförtner wird nach Anzahl der Mitarbeiter umgelegt. Die Kostenstelle Fuhrpark wird nach Anteilen der Nutzung entsprechend dem vorgegebenen Schlüssel umgelegt.

**Aufgabenstellung:**

Der Betriebsabrechnungsbogen ist zu vervollständigen.

Die Herstellkosten des Umsatzes, die Istgemeinkosten und die Über- und Unterdeckungen sind zu ermitteln.

Die Lösung finden Sie auf Seite 194.

# E. Internes Kontrollsystem

**Fall 1 Ziele des IKS**
    **7 Punkte**            *              **17 Minuten**

Nennen Sie fünf Ziele des internen Kontrollsystems (IKS).

Die Lösung finden Sie auf Seite 196.

**Fall 2 Risikoquellen 1**
    **8 Punkte**            **              **20 Minuten**

Nennen Sie vier interne Risikoquellen eines Unternehmens und geben Sie je ein Beispiel hierzu.

Die Lösung finden Sie auf Seite 196.

**Fall 3 Risikoquellen 2**
    **4 Punkte**            **              **10 Minuten**

Die Maschinenbau AG plant den Verkauf ihrer Waren künftig auch in Asien zu betreiben und so die Absatzzahlen zu vergrößern.

Stellen Sie zwei interne oder externe Risikoquellen bei der Umsetzung dar.

Die Lösung finden Sie auf Seite 196.

**Fall 4 Einrichtung Kontrollsystem**
    **3 Punkte**            ***              **7 Minuten**

Auf welcher rechtlichen Grundlage lässt sich die Einrichtung eines internen Kontrollsystems ableiten? Wer ist dafür verantwortlich?

Die Lösung finden Sie auf Seite 197.

## Fall 5    Risiken entgegenwirken
### 6 Punkte                        ***                        15 Minuten

Nennen Sie drei Maßnahmen, um Risiken im Unternehmen entgegenzuwirken.

Die Lösung finden Sie auf Seite 197.

## Fall 6    Lagebericht im Hinblick auf das IKS
### 2 Punkte                        ***                        5 Minuten

Welche Gesellschaften müssen im Lagebericht die wesentlichen Merkmale des internen Kontroll- und Risikomanagementsystems im Hinblick auf den Rechnungslegungsprozess beschreiben?

Die Lösung finden Sie auf Seite 197.

## Fall 7    Strategische Frühaufklärung
### 7,5 Punkte                      ***                        18 Minuten

Stellen Sie den Prozess der strategischen Frühaufklärung dar.

Die Lösung finden Sie auf Seite 197.

## Fall 8    Methoden und Instrumente der Risikoerkennung
### 3 Punkte                        **                         7 Minuten

Was sind geeignete Methoden und Instrumente der Risikoerkennung (3 Beispiele)?

Die Lösung finden Sie auf Seite 198.

## Fall 9 Maßnahmen zur Wahrung der Betriebsgeheimnisse
### 3 Punkte                    **                    7 Minuten

Nennen Sie drei Maßnahmen zur Sicherung von Betriebsgeheimnissen.

Die Lösung finden Sie auf Seite 198.

## Fall 10 Frauds
### 2 Punkte                    ***                    7 Minuten

Nennen Sie zwei Beispiele für Frauds.

Die Lösung finden Sie auf Seite 198.

## Fall 11 Risiken erkennen und Gegenmaßnahmen treffen
### 6 Punkte                    ***                    14 Minuten

Die Maschinenbau AG forscht und entwickelt aktuell an einem neuen Fertigungsverfahren für die eigens produzierten Waren. Gleichzeitig hat sich Besuch aus China angekündigt, der notwendig ist, um den Verkauf der eigenen Produkte in China anzukurbeln.

Nennen Sie zwei Risiken und erläutern Sie, wie dem entgegengewirkt werden könnte.

Die Lösung finden Sie auf Seite 198.

## Fall 12 Kennzahlen
### 8 Punkte                    *                    19 Minuten

Die Maschinenbau AG möchte als Maßnahme die Kontrolle durch Kennzahlen wahrnehmen.

Nennen Sie vier Geschäftsprozesse und geben Sie für jeden Geschäftsprozess eine entsprechende Kennzahl an.

Die Lösung finden Sie auf Seite 199.

## Fall 13  Überprüfung IKS
### 1 Punkt                         *                    2 Minuten

Wer ist unternehmensintern insbesondere für die Überprüfung der Wirksamkeit des IKS geeignet?

Die Lösung finden Sie auf Seite 199.

## Fall 14  Maßnahmen des IKS
### 10 Punkte                      **                   24 Minuten

Nennen Sie fünf Maßnahmen des IKS und erklären Sie die Ziele dieser Maßnahmen.

Die Lösung finden Sie auf Seite 199.

# F. Lösungen

## I. Jahresabschluss aufbereiten und auswerten

### Lösung zu Fall 1 5 Punkte

a) Zu skizzieren ist hier ein Stabliniensystem:

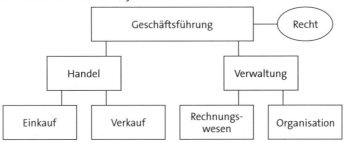

b) Eine **Stabsstelle** ist eine Stelle in der Aufbauorganisation, die nur beratende Funktion wahrnimmt und Entscheidungsunterlagen vorbereitet. Die Stabsstellen besitzen keine Weisungsbefugnis gegenüber anderen Stellen.

c) Matrixorganisation:

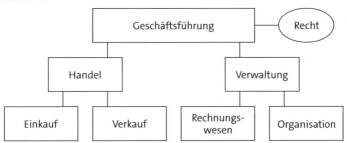

### Lösung zu Fall 2 5 Punkte

a) **Organisation** ist die Schaffung von generellen Regelungen für sich immer wiederholende Tätigkeiten. Sie führt zu einem stabilen Rahmen für den Unternehmensablauf, der gewährleistet, dass gleiche Vorgänge immer gleich gelöst werden.

Unter Disposition ist die fallweise Regelung von Sachverhalten im Rahmen eines vorgegebenen Entscheidungsspielraums zu verstehen.

Improvisation ist das Reagieren im Rahmen ungeplanter Vorgänge, hauptsächlich beim Auftreten von unvorhersehbaren oder unerwarteten Ereignissen.

b) Die **Aufbauorganisation** stellt die organisatorische Struktur der Stellen und Abteilungen zueinander dar. Sie befasst sich mit den Problemen der Instanzen.

Die **Ablauforganisation** ist die systematisierte Darstellung von Arbeitsprozessen in einer Unternehmung. Sie befasst sich mit der Problematik der Arbeitsabläufe.

c) Eine **Stelle** entsteht durch die Zusammenfassung von Funktionen zum Aufgabenbereich einer einzigen Person. Sie ist die kleinste organisatorische Instanz eines Unternehmens.

**Abteilungen** entstehen durch die Zusammenfassung von Stellen unter einer einheitlichen Leitung.

**LÖSUNG**

## Lösung zu Fall 3                                        2 Punkte

In einer Stellenbeschreibung sollten folgende Themenbereiche geregelt werden:

► Bezeichnung der Stelle
► Rang der Stelle
► Vorgesetzter
► Unterstellte Mitarbeiter
► Vertretungsregelungen
► Ziel der Stelle
► Aufgaben der Stelle
► Zusammenarbeit mit anderen Stellen
► Informationsfluss
► Anforderungen an den Stelleninhaber
► Bewertungsmaßstäbe für die Leistung

**LÖSUNG**

## Lösung zu Fall 4                                       19 Punkte

| Strukturbilanz (Angaben in T€) | 2017 | 2016 |
|---|---|---|
| Aktiva Summe | 36.381 | 36.173 |
| A. Anlagevermögen | 22.129 | 21.647 |

B. Umlaufvermögen

| | | |
|---|---|---|
| Vorräte | 5.328 | 7.264 |
| Forderungen | 3.159 | 6.213 |
| liquide Mittel (inkl. Wertpapiere) | 5.765 | 1.049 |
| Passiva Summe | 36.381 | 36.173 |
| A. Eigenkapital | 13.786 | 10.895 |
| B. Verbindlichkeiten | | |
| 1. kurzfristig (< 1 Jahr) | 11.820 | 19.337 |
| 2. mittelfristig (1–5 Jahre) | 2.300 | 1.350 |
| 3. langfristig (> 5 Jahre) | 8.475 | 4.591 |

Zur Berechnung der Strukturbilanz:

Beim Eigenkapital ist jeweils nur die Hälfte des Bilanzgewinns anzusetzen, da die andere Hälfte ausgeschüttet werden soll.

Bei den kurzfristigen Verbindlichkeiten sind neben dem jeweiligen Ausschüttungsbetrag und den Verbindlichkeiten < 1 Jahr auch die Steuer- und sonstigen Rückstellungen auszuweisen.

**Berechnung der Kennzahlen:**

a) **Anlagenintensität**

$$\frac{\text{Anlagevermögen} \cdot 100}{\text{Gesamtvermögen}}$$

2017 $\quad \dfrac{22.129 \cdot 100}{36.381} = 60,83\,\%$

2016 $\quad \dfrac{21.647 \cdot 100}{36.173} = 59,84\,\%$

b) **Anlagendeckungsgrad I** (kann auch in % ausgedrückt werden)

$$\frac{\text{Eigenkapital}}{\text{Anlagevermögen}}$$

2017 $\quad \dfrac{13.786}{22.129} = 0,62$

2016 $\quad \dfrac{10.895}{21.647} = 0,50$

c) **Anlagendeckungsgrad II** (kann auch in % ausgedrückt werden)

$$\frac{\text{Eigenkapital} + \text{langfristiges Fremdkapital}}{\text{Anlagevermögen}}$$

2017 $\quad \dfrac{13.786 + 8.475}{22.129} = 1,01$

2016 $\quad \dfrac{10.895 + 4.591}{21.647} = 0,72$

d) **Arbeitsintensität** (Umlaufintensität)

$$\frac{\text{Umlaufvermögen} \cdot 100}{\text{Gesamtvermögen}}$$

2017 $\quad \dfrac{(5.328 + 3.159 + 5.765) \cdot 100}{36.381} = 39,17\,\%$

2016 $\quad \dfrac{(7.264 + 6.213 + 1.049) \cdot 100}{36.173} = 40,16\,\%$

e) **Liquidität 2. Grades** (kann auch in % ausgedrückt werden)

$$\frac{\text{liquide Mittel} + \text{Forderungen}}{\text{kurzfristiges Fremdkapital}}$$

2017 $\quad \dfrac{5.765 + 3.159}{11.820} = 0,75$

2016 $\quad \dfrac{1.049 + 6.213}{19.337} = 0,38$

f) **Eigenkapitalquote**

$$\frac{\text{Eigenkapital} \cdot 100}{\text{Gesamtkapital}}$$

2017 $\quad \dfrac{13.786 \cdot 100}{36.381} = 37,89\,\%$

2016 $\quad \dfrac{10.895 \cdot 100}{36.173} = 30,12\,\%$

g) **Verschuldungsgrad**

$$\frac{\text{Fremdkapital} \cdot 100}{\text{Eigenkapital}}$$

2017  $\dfrac{(11.820 + 2.300 + 8.475) \cdot 100}{13.786} = 163{,}90\,\%$

2016  $\dfrac{(19.337 + 1.350 + 4.591) \cdot 100}{10.895} = 232{,}01\,\%$

**Hinweis zu den Rentabilitätsberechnungen:** Bei den Berechnungen der Rentabilitäten ist zu beachten, dass bei Vergleichen von Unternehmen verschiedener Rechtsformen (AG – OHG) oder verschiedener Steuerrechtskreise (Deutschland – Frankreich) der Jahresüberschuss grundsätzlich um die Ertragsteuern n zu erhöhen ist und somit eine Ergebnis vor Ertragsteuern n anzusetzen ist. Da hier nur ein Unternehmen betrachtet wird, wird vom Jahresüberschuss ausgegangen und zusätzlich die Berechnung mit dem Gewinn vor Steuern dargestellt.

Beim eingesetzten Kapital ist zu beachten, dass das Kapital am Periodenende nicht im gesamten Zeitraum zur Verfügung stand. Im Allgemeinen wird für die Analyse ein Durchschnittswert aus dem Betrag am Periodenanfang und Periodenende verwendet. Zum Teil wird auch vereinfachend vom Wert am Periodenende ausgegangen.

h) **Eigenkapitalrentabilität**

$$\frac{\text{Jahresüberschuss} \cdot 100}{\text{durchschn. Eigenkapital}}$$

2017  $\dfrac{1.191 \cdot 100}{(13.786 + 10.895) / 2} = 9{,}65\,\%$

$$\frac{\text{Gewinn vor Steuern} \cdot 100}{\text{durchschn. Eigenkapital}}$$

2017  $\dfrac{2.088 \cdot 100}{12.341} = 16{,}92\,\%$

i) **Gesamtkapitalrentabilität**

$$\frac{(\text{Jahresüberschuss} + \text{Fremdkapitalzinsen}) \cdot 100}{\text{durchschn. Gesamtkapital}}$$

2017  $\dfrac{(1.191 + 1.096) \cdot 100}{(36.381 + 36.173) / 2} = 6{,}30\,\%$

$$\frac{(\text{Gewinn vor Steuern} + \text{Fremdkapitalzinsen}) \cdot 100}{\text{durchschn. Gesamtkapital}}$$

2017   $\dfrac{(2.088 + 1.096) \cdot 100}{36.277} = 8{,}78\,\%$

---

**LÖSUNG**

## Lösung zu Fall 5                                   **12 Punkte**

| Mittelverwendung | | | Mittelherkunft | | |
|---|---|---|---|---|---|
| Ausschüttung | | 630 | Cashflow | | 17.966 |
| Jahresüberschuss 2016 | 1.236 | | Jahresüberschuss 2017 | 3.423 | |
| Einst. Gewinnrückl. | - 500 | | Abschreibungen | 14.543 | |
| Gewinnvortrag | - 106 | | Cashflow | 17.966 | |
| Ausschüttung | 630 | | | | |
| Investition Anlageverm. | | 13.161 | Desinvestition Anlageverm. | | 2.320 |
| Sachanlagen | 12.567 | | Sachanlagen | *1.653 | |
| Finanzanlagen | 594 | | Finanzanlagen | *667 | |
| Anlagevermögen | 13.161 | | Anlagevermögen | 2.320 | |
| Zunahme Umlaufvermögen | | 4.164 | Abnahme Umlaufvermögen | | 6.827 |
| liquide Mittel | 4.164 | | Vorräte | 4.864 | |
| Umlaufvermögen | 4.164 | | Forderungen | 1.963 | |
| | | | Umlaufvermögen | 6.827 | |
| | | | Kapitaleinlagen | | 1.030 |
| | | | gezeichnetes Kapital | 800 | |
| | | | Kapitalrücklagen | 230 | |
| | | | Kapitaleinlagen | 1.030 | |
| Rückzahlung Verb. | | 14.039 | Erhöhung Verb. | | 3.851 |
| Verb. ggü. Kreditin. | 13.010 | | Verb. aLL | 3.058 | |
| sonst. Verb. | 1.029 | | erh. Rückstellungen | 793 | |
| Verbindlichkeiten | 14.039 | | Verbindlichkeiten | 3.851 | |
| Summe | | 31.994 | Summe | | 31.994 |

\* Berechnung =
  Restbuchwert 2016 + Zugänge - Abschreibungen des Geschäftsjahres - Restbuchwert 2017

**LÖSUNG**

# Lösung zu Fall 6

**7 Punkte**

a) **Fremdkapitalquote**

$$\frac{\text{Fremdkapital} \cdot 100}{\text{Gesamtkapital}}$$

$$\frac{74.940 \cdot 100}{91.080} = 82,28\,\%$$

b) **Verschuldungsgrad**

$$\frac{\text{Fremdkapital} \cdot 100}{\text{Eigenkapital}}$$

$$\frac{74.940 \cdot 100}{16.140} = 464,31\,\%$$

c) **Vorratsintensität**

$$\frac{\text{Vorräte} \cdot 100}{\text{Gesamtvermögen}}$$

$$\frac{37.650 \cdot 100}{91.080} = 41,34\,\%$$

d) **Anlagendeckungsgrad II** (kann auch in % ausgedrückt werden)

$$\frac{\text{Eigenkapital} + \text{langfristiges Fremdkapital}}{\text{Anlagevermögen}}$$

$$\frac{16.140 + 23.880}{25.480} = 1,57$$

e) **Liquidität 2. Grades** (kann auch in % ausgedrückt werden)

$$\frac{\text{liquide Mittel} + \text{Forderungen}}{\text{kurzfristiges Fremdkapital}}$$

$$\frac{9.590 + 18.360}{25.330} = 1,10$$

f) **Absolutes Net Working Capital**

Umlaufvermögen - kurzfristiges Fremdkapital

65.600 - 25.330 = 40.270 €

g) **Relatives Net Working Capital**

$$\frac{\text{Umlaufvermögen} \cdot 100}{\text{kurzfristiges Fremdkapital}}$$

$$\frac{65.600 \cdot 100}{25.330} = 258,98\,\%$$

LÖSUNG

## Lösung zu Fall 7      23 Punkte

| Strukturbilanz (Angaben in T€) | | | 2017 |
|---|---|---|---|
| Aktiva Summe | | | 43.072 |
| A.   Anlagevermögen | | | 19.028 |
|     immaterielle Vermögensgegenstände (ohne FW) | | 270 | |
|     Sachanlagen | | 17.758 | |
|       Sachanlagen | 17.230 | | |
|       stille Reserven Sachanlagen | 528 | | |
|     Finanzanlagen | | 1.000 | |
| B.   Umlaufvermögen | | | |
|     Vorräte | | | 14.874 |
|       Vorräte | | 14.390 | |
|       stille Reserven Vorräte | | 484 | |
|     Forderungen | | | 3.830 |
|     liquide Mittel | | | 5.340 |
| Passiva Summe | | | 43.072 |
| A.   Eigenkapital | | | 8.671 |
|     gezeichnetes Kapital | | 200 | |
|     Kapitalrücklage | | 3.620 | |
|     Gewinnrücklagen | | 4.530 | |
|     Bilanzgewinn 2016 25 % | | 65 | |
|     Eigenkapital stille Reserven 50 % | | 506 | |

|  | | abzgl. Firmenwert | | - 80 | |
|---|---|---|---|---|---|
|  | | abzgl. Disagio | | - 170 | |
| B. | | Verbindlichkeiten | | | |
|  | 1. | kurzfristig | | | 15.407 |
|  | | Verb. ggü. Kreditinstituten | | 3.120 | |
|  | | Verbindlichkeiten aLL | | 5.220 | |
|  | | sonstige Verbindlichkeiten | | 3.190 | |
|  | | Steuerrückstellungen | | 110 | |
|  | | sonstige Rückstellungen | | 3.330 | |
|  | | Bilanzgewinn 2017 75 % | | 195 | |
|  | | stille Reserven Vorräte (latente Steuern) 50 % | | 242 | |
|  | 2. | mittelfristig (1 bis 5 Jahre) | | | 4.922 |
|  | | Verb. ggü. Kreditinstituten | | 3.300 | |
|  | | Verbindlichkeiten aLL | | 1.490 | |
|  | | stille Reserven Sachanlagen (lat. Steuern) 25 % | | 132 | |
|  | 3. | langfristig (> 5 Jahre) | | | 14.072 |
|  | | Verb. ggü. Kreditinstituten | | 13.940 | |
|  | | stille Reserven Sachanlagen (lat. Steuern) 25 % | | 132 | |

**Berechnung des Eigenkapitals für 2016:**

| A. | Eigenkapital | | 8.192 |
|---|---|---|---|
| | gezeichnetes Kapital | 180 | |
| | Kapitalrücklage | 3.470 | |
| | Gewinnrücklagen | 4.120 | |
| | Bilanzgewinn 2016 75 % | 150 | |
| | Eigenkapital stille Reserven 50 % | 552 | |
| | abzgl. Firmenwert | - 90 | |
| | abzgl. Disagio | - 190 | |

**Berechnung der Kennzahlen:**

a) **Betriebsergebnis**

| Umsatzerlöse | 85.720 |
|---|---|
| Bestandserhöhung | 3.610 |
| aktivierte Eigenleistung | 117 |
| sonstige betriebliche Erträge | 5.367 |

| | |
|---|---:|
| Materialaufwand | - 48.315 |
| Personalaufwand | - 31.947 |
| Abschreibungen | - 4.416 |
| sonstige betriebliche Aufwendungen | - 7.308 |
| Betriebsergebnis | 2.828 |

b) **Cashflow**

| | |
|---|---:|
| Jahresüberschuss | 520 |
| zzgl. Abschreibungen | 4.416 |
| Cashflow | 4.936 |

c) **Eigenkapitalrentabilität** (siehe Hinweis Lösung Fall 4)

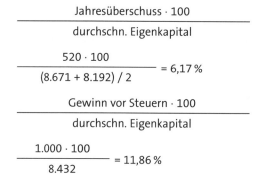

$$\frac{\text{Jahresüberschuss} \cdot 100}{\text{durchschn. Eigenkapital}}$$

$$\frac{520 \cdot 100}{(8.671 + 8.192) / 2} = 6,17\,\%$$

$$\frac{\text{Gewinn vor Steuern} \cdot 100}{\text{durchschn. Eigenkapital}}$$

$$\frac{1.000 \cdot 100}{8.432} = 11,86\,\%$$

d) **Eigenkapitalquote**

$$\frac{\text{Eigenkapital} \cdot 100}{\text{Gesamtkapital}}$$

$$\frac{8.671 \cdot 100}{43.072} = 20,13\,\%$$

e) **Investitionsquote des Sachanlagevermögens**

$$\frac{\text{Nettoinvestitionen (Zugänge - Abgänge zu RBW)} \cdot 100}{\text{Sachanlagevermögen zu historischen AK/HK}}$$

Abgänge zu RBW =
Restbuchwert 2016 + Zugänge – Abschreibungen des Geschäftsjahres - Restbuchwert 2017

Abgänge zu RBW =
19.740 + 3.280 - 4.396 - 17.230 = 1.394 T€

$$\frac{(3.280 - 1.394) \cdot 100}{41.750} = 4,52\,\%$$

f) **Anlagenabnutzungsgrad des Sachanlagevermögens**

$$\frac{\text{kumulierte Abschreibungen} \cdot 100}{\text{Sachanlagevermögen zu historischen AK/HK}}$$

$$\frac{25.950 \cdot 100}{41.750} = 62,16\,\%$$

g) **Abschreibungsquote des Sachanlagevermögens**

$$\frac{\text{Abschreibungen des Geschäftsjahres} \cdot 100}{\text{Sachanlagevermögen zu historischen AK/HK}}$$

$$\frac{4.396 \cdot 100}{41.750} = 10,53\,\%$$

h) **Liquidität 2. Grades** (kann auch in % ausgedrückt werden)

$$\frac{\text{liquide Mittel} + \text{Forderungen}}{\text{kurzfristiges Fremdkapital}}$$

$$\frac{5.340 + 3.830}{15.407} = 0,60$$

i) **Debitorenumschlag**

$$\frac{\text{Umsatzerlöse} + \text{USt}}{\text{durchschn. Debitorenbestand}}$$

$$\frac{85.720 + 85.720 \cdot 19\,\%}{(3.830 + 1.440) / 2} = 38,71$$

j) **Debitorenziel**

$$\frac{360}{\text{Debitorenumschlag}} \quad \text{oder} \quad \frac{\text{durchschn. Debitorenbestand} \cdot 360}{\text{Umsatzerlöse} + \text{USt}}$$

$$\frac{360}{38,71} = 9,30\ \text{Tage} \quad \text{oder} \quad \frac{(3.830 + 1.440) / 2 \cdot 360}{85.720 + 85.720 \cdot 19\,\%} = 9,30\ \text{Tage}$$

k) **Dynamischer Verschuldungsgrad**

| | |
|---|---:|
| Fremdkapital | 34.401 |
| abzgl. monetäres Umlaufvermögen (3.830 + 5.340 =) | - 9.170 |
| Effektivverschuldung | 25.231 |

$$\frac{\text{Effektivverschuldung}}{\text{Cashflow}}$$

$$\frac{25.231}{4.936} = 5,11 \text{ Jahre}$$

LÖSUNG

## Lösung zu Fall 8                                    10 Punkte

a) **Rohergebnis**

| | |
|---|---:|
| Umsatzerlöse | 18.320.590 |
| sonstige betriebliche Erträge | 2.768.330 |
| Materialaufwand | - 9.438.770 |
| Rohergebnis | 11.650.150 |

b) **Betriebsergebnis**

| | |
|---|---:|
| Umsatzerlöse | 18.320.590 |
| sonstige betriebliche Erträge | 2.768.330 |
| Materialaufwand | - 9.438.770 |
| Personalaufwand | - 5.596.420 |
| Abschreibungen | - 4.654.490 |
| sonstige betriebliche Aufwendungen | - 1.283.650 |
| Betriebsergebnis | 115.590 |

c) **Ergebnis der gewöhnlichen Geschäftstätigkeit**

| | |
|---|---:|
| Betriebsergebnis | 115.590 |
| Finanzergebnis (86.390 - 168.590 =) | - 82.200 |
| Ergebnis der gewöhnlichen Geschäftstätigkeit | 33.390 |

d) **Anlagendeckungsgrad II** (kann auch in % ausgedrückt werden)

$$\frac{\text{Eigenkapital + langfristiges Fremdkapital}}{\text{Anlagevermögen}}$$

$$\frac{128.570 + 119.820}{469.350} = 0,53$$

e) **Liquidität 2. Grades** (kann auch in % ausgedrückt werden)

$$\frac{\text{liquide Mittel + Forderungen}}{\text{kurzfristiges Fremdkapital}}$$

$$\frac{22.850 + 284.370}{368.540} = 0,83$$

f) **Eigenkapitalrentabilität** (siehe Hinweis Lösung Fall 4)

$$\frac{\text{Jahresüberschuss} \cdot 100}{\text{durchschn. Eigenkapital}}$$

$$\frac{15.020 \cdot 100}{(128.570 + 112.600) / 2} = 12,46\,\%$$

$$\frac{\text{Gewinn vor Steuern} \cdot 100}{\text{durchschn. Eigenkapital}}$$

$$\frac{33.390 \cdot 100}{120.585} = 27,69\,\%$$

g) **Umsatzrentabilität** (siehe Hinweis Lösung Fall 4)

$$\frac{\text{Jahresüberschuss} \cdot 100}{\text{Umsatz}}$$

$$\frac{15.020 \cdot 100}{18.320.590} = 0,08\,\%$$

$$\frac{\text{Gewinn vor Steuern} \cdot 100}{\text{Umsatz}}$$

$$\frac{33.390 \cdot 100}{18.320.590} = 0,18\,\%$$

h) **ROI** (siehe Hinweis Lösung Fall 4)

$$\frac{\text{Jahresüberschuss} \cdot 100}{\text{Umsatz}} \cdot \frac{\text{Umsatz}}{\text{durchschn. Gesamtkapital}}$$

$$\frac{15.020 \cdot 100}{18.320.590} \cdot \frac{18.320.590}{(1.044.760 + 956.540) / 2}$$

$0,0820 \cdot 18,3087 = 1,50\%$

$$\frac{\text{Gewinn vor Steuern} \cdot 100}{\text{Umsatz}} \cdot \frac{\text{Umsatz}}{\text{durchschn. Gesamtkapital}}$$

$$\frac{33.390 \cdot 100}{18.320.590} \cdot \frac{18.320.590}{1.000.650}$$

$0,1823 \cdot 18,3087 = 3,34\%$

i) **Personalaufwandsquote**

$$\frac{\text{Personalaufwand} \cdot 100}{\text{Umsatzerlöse}}$$

$$\frac{5.596.420 \cdot 100}{18.320.590} = 30,55\%$$

**LÖSUNG**

## Lösung zu Fall 9           **12 Punkte**

| | | | |
|---|---|---|---:|
| 1. | | Jahresüberschuss | 520 |
| 2. | + | Abschreibungen auf das Anlagevermögen | 4.416 |
| 3. | + | Zunahme der Rückstellungen | 330 |
| 4. | - | zahlungsunwirksame Erträge (Bestandserhöhung + aktivierte Eigenleistung) [- 3.610 - 117] | - 3.727 |
| 5. | + | sonstige zahlungsunwirksame Aufwendungen (Zinsaufwand Disagio) | 20 |
| 6. | + | Abnahme der Vorräte, Forderungen aus Lieferungen und Leistungen (ohne Bestandserhöhung) [- 780 - 2.390 + 3.610] | 440 |
| 7. | + | Zunahme der Verbindlichkeiten aus Lieferungen und Leistungen und sonstigen Verbindlichkeiten [1.380 + 210] | 1.590 |
| **8.** | **=** | **Cashflow aus laufender Geschäftstätigkeit** | **3.589** |

| 9. | | Einzahlungen aus Abgängen des Sachanlagevermögens (zur Berechnung siehe Lösung Fall 7 e)) | 1.394 |
|---|---|---|---|
| 10. | - | Auszahlungen für Investitionen in das Sachanlagevermögen (ohne aktivierte Eigenleistung) [- 3.280 + 117] | - 3.163 |
| 11. | - | Auszahlungen für Investitionen in das Finanzanlagevermögen | - 165 |
| **12.** | **=** | **Cashflow aus der Investitionstätigkeit** | **- 1.934** |
| 13. | | Einzahlungen aus Kapitalerhöhungen [20 + 150] | 170 |
| 14. | - | Auszahlungen an Gesellschafter | - 50 |
| 15. | - | Auszahlungen aufgrund der Tilgung von Krediten | - 1.120 |
| **16.** | **=** | **Cashflow aus der Finanzierungstätigkeit** | **- 1.000** |
| 17. | | Zahlungswirksame Veränderungen des Finanzmittelfonds (Summe aus 8., 12. und 16.) | 655 |
| 18. | + | Finanzmittelfonds am Anfang der Periode | 4.685 |
| **19.** | **=** | **Finanzmittelfonds am Ende der Periode** | **5.340** |

LÖSUNG

## Lösung zu Fall 10 6 Punkte

1. Die Eigenkapitalquote der AG, also der Anteil des Eigenkapitals am Gesamtkapital, ist im Zeitvergleich der letzten 5 Jahre ständig niedriger geworden. Da sich die Eigenkapitalquote aus dem Verhältnis von Eigenkapital zu Gesamtkapital ergibt, kann hier keine abschließende Aussage über den Verlauf der absoluten Zahlen getroffen werden. Es kann sein, dass

a) das Eigenkapital bei gleichem oder höherem Fremdkapital gesunken ist,

b) das Fremdkapital bei gleichem oder niedrigerem Eigenkapital gestiegen ist,

c) das sowohl das Eigen- als auch das Fremdkapital gestiegen sind, wobei das Fremdkapital stärker gewachsen ist,

d) das sowohl das Eigen- als auch das Fremdkapital gesunken sind, wobei das Eigenkapital stärker abgenommen hat.

Die Kennzahl gibt Aufschluss über die Kreditwürdigkeit eines Unternehmens. Auch hier kann keine absolute Aussage getroffen werden, aber tendenziell hat sich mit der Abnahme der Eigenkapitalquote die Kreditwürdigkeit der AG verschlechtert.

2. Die Umsatzrendite der AG ist im Ist höher als im Soll; der Planwert wurde also übertroffen. Allerdings muss jetzt geprüft werden, warum der Wert gegenüber der Planung gestiegen ist. Da auch hier wieder zwei Werte, nämlich Jahresüberschuss vor Steuern und Umsatz ins Verhältnis gesetzt werden, kann keine Aussage über die absolute Entwicklung der Zahlen getroffen werden. Es sind alle Positionen der GuV-Rechnung auf Abweichungen zu prüfen. Der Erhöhung der Umsatzrendite kann z. B. auf Einsparungen bei den Material- oder Personalauf-

wendungen, Umsatzausweitungen, verbessertem Finanzergebnis oder Erträgen aus Anlagenverkäufen beruhen.

3. Hier soll die Finanzierung des Anlagevermögens im Unternehmensvergleich analysiert werden. Der Anlagendeckungsgrad II dient der Analyse der statischen Liquidität und soll grundsätzlich größer oder mindestens gleich 1 sein, also das Anlagevermögen durch Eigenkapital und langfristiges Fremdkapital gedeckt (fristenkongruent finanziert) sein. Durch die sehr unterschiedlichen Strukturen die das Anlagevermögen und das Fremdkapital haben können, ist eine absolute Aussage zur Liquiditätslage über diese Kennzahl nicht zu treffen, es geht bei der fristenkongruenten Finanzierung vielmehr um die Signalisierung der Kreditwürdigkeit. Da die Banken auf die Einhaltung der Kennzahl achten, besteht hier ein faktischer Zwang zur Einhaltung der Vorgabe. Bei der AG und den beiden ersten Mitbewerbern ist die Grundbedingung der Kennzahl erfüllt. Bei Unternehmen 3 liegt der Wert deutlich unter 1, sodass hier die Kreditwürdigkeitsprüfung in diesem Punkt negativ ausfällt.

LÖSUNG

## Lösung zu Fall 11                                                      8 Punkte

| Mittelverwendung | | | Mittelherkunft | | |
|---|---|---|---|---|---|
| Ausschüttung | | 700 | Cashflow | | 20.556 |
| Bilanzgewinn 2016 | 1.304 | | Jahresüberschuss 2017 | 2.130 | |
| Einst. Gewinnrückl. | - 604 | | Abschreibungen | 18.426 | |
| Ausschüttung | 700 | | Cashflow | 20.556 | |
| Investition Anlageverm. | | 21.327 | Abnahme Umlaufvermögen | | 9.322 |
| | | | Forderungen | 8.702 | |
| Zunahme Umlaufvermögen | | 5.435 | liquide Mittel | 620 | |
| Vorräte | 5.435 | | Umlaufvermögen | 9.322 | |
| Umlaufvermögen | 5.435 | | | | |
| | | | Kapitaleinlagen | | 0 |
| Rückzahlung Verb. | | 13.900 | | | |
| Verb. ggü. Kreditin. | 12.185 | | Erhöhung Verb. | | 11.484 |
| Steuerrückst. | 259 | | Verb. aLL | 7.443 | |
| sonst. Rückst. | 1.456 | | sonst. Verb. | 4.041 | |
| Verbindlichkeiten | 13.900 | | Verbindlichkeiten | 11.474 | |
| Summe | | 41.362 | Summe | | 41.362 |

## Lösung zu Fall 12 **12 Punkte**

### a) Anlagenintensität

Die Anlagenintensität dient der Beschreibung der Struktur des Vermögens. Eine hohe Anlagenintensität deutet auf ein anlagenintensives Unternehmen hin, dies muss aber nicht zwangsläufig so sein. Tendenziell gilt, dass ein Unternehmen mit hoher Anlagenintensität weniger flexibel auf Veränderungen reagieren kann und deshalb das Unternehmensrisiko mit wachsender Intensität zunimmt. Ein Unternehmensvergleich ist nur innerhalb der gleichen Branche sinnvoll, aber auch dort durch verschiedene Einflüsse, wie z. B. Abschreibungsverhalten, selbst erstellte immaterielle Vermögensgegenstände des Anlagevermögens oder Leasing, nur bedingt aussagekräftig. Änderungen der Abschreibungs- und/oder Investitionspolitik können bei einem Zeitvergleich zu Fehlinterpretationen führen.

### b) Eigenkapitalquote

Die Eigenkapitalquote, also der Anteil des Eigenkapitals am Gesamtkapital, beschreibt die Struktur des Kapitals. Die Kennzahl gibt Aufschluss über die Kreditwürdigkeit eines Unternehmens, dies gilt insbesondere im Zeitvergleich. Je höher die Eigenkapitalquote ist, umso kreditwürdiger ist das Unternehmen, da dem Gläubiger im Insolvenzfall dann ein umso größerer Anteil am Vermögen zur Verfügung steht. Ein Unternehmensvergleich ist aufgrund der unterschiedlichen Kapitalstrukturen nur innerhalb der gleichen Branche sinnvoll.

### c) Anlagendeckungsgrad II

Der Anlagendeckungsgrad II dient der Analyse der statischen Liquidität und soll grundsätzlich größer oder mindestens gleich 1 sein, also das Anlagevermögen durch Eigenkapital und langfristiges Fremdkapital gedeckt (fristenkongruent finanziert) sein. Durch die sehr unterschiedlichen Strukturen, die das Anlagevermögen und das Fremdkapital haben können, ist eine absolute Aussage zur Liquiditätslage über diese Kennzahl nicht zu treffen, es geht bei der fristenkongruenten Finanzierung vielmehr um die Signalisierung der Kreditwürdigkeit. Da die Banken auf die Einhaltung der Kennzahl achten, besteht hier ein faktischer Zwang zur Einhaltung der Vorgabe. Ein Unternehmensvergleich ist nur eingeschränkt möglich und sinnvoll. Beim Zeitvergleich können Interpretationsfehler durch geändertes Managementverhalten entstehen.

### d) Liquidität 2. Grades

Auch die Liquidität 2. Grades dient der Analyse der statischen Liquidität. Dabei wird geprüft, ob die Liquiden Mittel und die Forderungen ausreichen, um die kurzfristigen Verbindlichkeiten zu decken. Auch hier ist aufgrund der unterschiedlichen Struktur der Positionen eine Aussage zur tatsächlichen Liquidität – auch im Zeitvergleich – nicht möglich. Ein Unternehmensvergleich ist nur eingeschränkt möglich und sinnvoll.

### e) Cashflow

Der Cashflow stellt im Rahmen der dynamischen Liquidität eine wichtige finanzwirtschaftliche Strömungsgröße dar. Eine Hauptschwierigkeit ist allerdings die in Literatur und Praxis uneinheitliche Meinung über Funktion und Umfang des Cashflows. Hier geht es vor allem um die Frage, ob es sich beim Cashflow um eine Ertrags- und/oder eine Finanzkennzahl handelt. Durch diese Unklarheit in Funktion und Umfang ist auch die Berechnung nicht einheitlich. Grundsätzlich ist anerkannt, dass der Cashflow sowohl direkt (progressiv = Ertragseinzahlungen - Aufwandsauszahlungen) als auch indirekt (retrograd = Jahreserfolg + auszahlungslose Aufwendungen - einzahlungslose Erträge) ermittelt werden kann. In der Praxis wird die indirekte Methode bevorzugt und zum Teil stark vereinfacht, indem zum Jahreserfolg die Abschreibungen hinzuaddiert werden.

f) **Debitorenziel (Kundenziel)**

Die Kennzahl Debitorenziel gibt Auskunft über das durchschnittliche Zahlungsverhalten der Kunden, also darüber, wie lange es durchschnittlich in Tagen dauert, bis ein Kunde die Forderung des Unternehmens bezahlt. Je niedriger der Wert ist, umso schneller werden die Umsatzerlöse zu liquiden Mitteln. Dieser Wert sollte sowohl im Zeit-, als auch im Unternehmensvergleich möglichst niedrig sein.

LÖSUNG

## Lösung zu Fall 13 5 Punkte

Die Eigenkapitalrichtlinien sollen für eine bessere Eigenkapitalausstattung von Kreditinstituten im Verhältnis zu ihrem Risikogeschäft sorgen. Diese Anforderung wird durch Überprüfungs- und Offenlegungsregelungen unterstützt.

Die Mindestkapitalanforderung verpflichtet die Kreditinstitute, differenziert nach unterschiedlichen Risiken (Kreditrisiko, Marktrisiko und operationelles Risiko), ihre Geschäfte mit Eigenkapital zu unterlegen. Diese Regelung begrenzt somit die Risikoübernahmemöglichkeiten eines Kreditinstituts und soll so die Eingehung von bestandsgefährdenden Risiken verhindern.

Der aufsichtsrechtliche Überprüfungsprozess ergänzt die quantitativen Mindestkapitalanforderungen der Säule 1 um ein qualitatives Element. Es geht hauptsächlich darum, das Gesamtrisiko eines Instituts und die wesentlichen Einflussfaktoren auf dessen Risikosituation zu identifizieren und bankenaufsichtlich zu würdigen. Durch den regelmäßigen Dialog zwischen der Bankenaufsicht und den einzelnen Kreditinstituten soll es zu einer kontinuierlichen Verbesserung des Risikosteuerungsprozesses und der Risikotragfähigkeit kommen.

Die Marktdisziplin, d. h. die Erweiterung der Offenlegungspflichten der Kreditinstitute, soll die disziplinierenden Kräfte der Märkte zusätzlich zu den Anforderungen der Säulen 1 und 2 nutzen. Dem liegt der Gedanke zugrunde, dass nur gut informierte Marktteilnehmer in ein Kreditinstitut investieren.

Zusätzlich zu diesen durch Basel II bestehenden Regelungen verpflichtet Basel III die nationalen Gesetzgeber, Regelungen für die Vergütungspolitik zu erlassen, um falschen Anreizregelungen, z. B. bezogen auf einen möglichst hohen kurzfristigen Ertrag, entgegenzuwirken.

Gesamtziel der Regulierungen soll eine Stabilisierung des Finanzsektors sein.

LÖSUNG

## Lösung zu Fall 14 8 Punkte

Externes Rating findet nicht durch das kreditgebende Institut, sondern durch einen Dritten statt. Zum einen können dies z. B. die bekannten Ratingagenturen Fitch, Moody's oder Standard & Poor's sein. Diese Unternehmen befassen sich hauptsächlich mit dem Rating von großen Unternehmen und Staaten, die Wertpapiere auf den Kapitalmärkten emittiert haben. Daneben gibt es noch eine ganze Reihe von kleineren Dienstleistern, die sich mit Ratings befassen. Die Ratingberichte von Dritten dürfen aber nicht das Rating durch das kreditgebende Institut (internes Rating) ersetzen, sondern sie dürfen es nur ergänzen.

Ziel des Ratings ist es, die Ausfallwahrscheinlichkeit eines Kreditnehmers zu ermitteln. Dafür werden sowohl quantitative Faktoren (Hard Facts) als auch qualitative Faktoren (Soft Facts) analysiert.

Quantitative Faktoren: Den Kern eines Ratingverfahrens bildet die Analyse des Jahresabschlusses des Kreditnehmers. Die ermittelten Kennzahlen aus dem Jahresabschluss werden sowohl im Zeit- als auch im Branchenvergleich betrachtet. Liefert der Kreditnehmer auch Planzahlen, so erfolgt auch ein Soll-Ist-Abgleich. Auch unterjährige Daten können die Qualität des Ratings verbessern. Wichtig für eine gute Bewertung ist neben den Daten selbst deren Aktualität und Genauigkeit.

Qualitative Faktoren: Hier spielen z. B. die Markt- und Wettbewerbssituation, die Managementqualität und die Organisationsstrukturen eine Rolle. Zum Teil werden diese Informationen bei den Kreditnehmern mit Fragebögen oder Interviews der Geschäftsleitung abgefragt oder durch Vorlage von Dokumenten eingeholt. Diese Faktoren sollen das Bild von der Bonität des Kreditnehmers unterstützen und die Möglichkeit bieten, wichtige Informationen der Kreditexperten in die Bewertung einfließen zu lassen.

Die Ergebnisse der Auswertung werden dann in einer Ratingnote zusammengefasst. Diese Note kann dann noch in besonderen, für einen Dritten nachvollziehbaren Fällen manuell geändert werden (Overruling).

Das eigentliche Verfahren ist zwar zwischen den einzelnen Kreditinstituten bzw. Institutsgruppen unterschiedlich, aber man hat sich darauf verständigt, dass das Ergebnis in eine sog. Ratingstufe, hinter der eine Ausfallwahrscheinlichkeit steht, eingruppiert werden kann. So entspricht z. B. eine Ratingnote 7 (von 18) bei einer Sparkasse einer Ausfallwahrscheinlichkeit von 0,9 %.

LÖSUNG

## Lösung zu Fall 15 5 Punkte

Die Eigenkapitalrichtlinien können für die kreditnachfragenden Unternehmen in unterschiedlicher Form Auswirkungen haben.

Der Prozess bei der Kreditvergabe ist jetzt fast immer um den Vorgang des Ratings erweitert worden. Die anderen Faktoren, die auch bisher eine Rolle spielten, wie z. B. aktueller Liquiditätsstatus und Sicherheiten, sind weiterhin von Bedeutung, vor allem da Sicherheiten dem Kreditinstitut die Möglichkeit geben, den Kredit mit weniger Eigenkapital unterlegen zu müssen. Für die Menge des zu unterlegenden Eigenkapitals spielt das Ergebnis des Ratings ebenfalls eine Rolle. Grundsätzlich kann man sagen, je besser das Ratingergebnis, umso weniger Eigenkapitalunterlegung. Da die Unterlegung mit Eigenkapital für das Kreditinstitut Kosten darstellt, bedeutet dies tendenziell je schlechter das Ratingergebnis und die Sicherheiten, umso teurer der Kredit. Auch die Kosten für die Durchführung des Ratings werden in die Kreditkosten einfließen.

Auch bisher hat schon eine Kreditwürdigkeitsprüfung stattgefunden, aber durch das Ratingverfahren ist diese strukturiert und vereinheitlicht worden. Das jetzt durchzuführende Rating weitet die Kreditwürdigkeitsprüfung zudem weiter aus und erfordert laufende aktuelle und detaillierte Informationen des Kreditnehmers.

Der Zugang zu Krediten wird durch das verpflichtende Rating für Kunden mit schlechter Bonität schwieriger. Von einer allgemeinen „Kreditklemme" kann aufgrund der bisher vorliegenden Zahlen aber nicht gesprochen werden. Eine Ausnahme gilt für Existenzgründer, da diese keine vergangenheitsbezogenen Daten vorlegen können und auch das Ausfallrisiko im Vergleich zu bestehenden Unternehmen größer ist. Hier hat sich der Zugang zu Krediten tendenziell verschlechtert.

## II. Finanzmanagement

**LÖSUNG**

### Lösung zu Fall 1                                                       6 Punkte

a) 1,8 % Factoringgebühren auf 20 Mio. € Umsatz                          = 360.000 €

   11 % Sollzinsen von den in Anspruch genommenen Geldern

   (75 % von 2,0 Mio. = 1,5 Mio.; abzgl. 10 % von 1,5 Mio.)             = 148.500 €

   Gesamtkosten des Factoring                                           508.500 €

Dem stehen gegenüber Kostenvorteile von 750.000 €. Somit ist Factoring zu empfehlen, weil dadurch durchschnittliche Kostenreduzierungen von 241.500 € erreichbar sind.

b) Die Kostenvorteile bei Übernahme der Servicefunktion ergeben sich aus dem Wegfall der Debitorenbuchhaltung sowie des Mahn- und Inkassowesens.

c) Bei der Delkrederefunktion übernimmt die Factoring-Bank das Forderungsausfallrisiko. Um das Risiko zu streuen, kaufen Factoring-Institute nur Forderungsgesamtheiten auf und nicht ausgewählte einzelne Forderungen.

d) Es sind alle drei Funktionen erfüllt. In diesem Falle handelt es sich um echtes Factoring.

LÖSUNG

## Lösung zu Fall 2                                                    4 Punkte

a) Tabelle bis zum Ende des siebten Jahres

| Jahr | Anzahl der Maschinen | | | Abschreibung pro Jahr in € | Reinvestition in € | verbleibender Rest in € |
|---|---|---|---|---|---|---|
| | Zugang | Abgang | Bestand | | | |
| 1 | 0 | 0 | 10 | 100.000 | 80.000 | 20.000 |
| 2 | 2 | 0 | 12 | 120.000 | 120.000 | 20.000 |
| 3 | 3 | 0 | 15 | 150.000 | 160.000 | 10.000 |
| 4 | 4 | 0 | 19 | 190.000 | 200.000 | 0 |
| 5 | 5 | 10 | 14 | 140.000 | 120.000 | 20.000 |
| 6 | 3 | 2 | 15 | 150.000 | 160.000 | 10.000 |
| 7 | 4 | 3 | 16 | 160.000 | 160.000 | 10.000 |

b) Berechnung mithilfe des Kapazitätserweitungsfaktors = KEF

$$KEF = \frac{2n}{n+1} = \frac{2 \cdot 4}{4+1} = \frac{8}{5} = 1,6$$

Maschinenanzahl = 1,6 · 10 = 16 Maschinen

**Hinweis:** Aufgrund der Nichtteilbarkeit von Maschinen kann ein Rest übrig bleiben.

LÖSUNG

## Lösung zu Fall 3                                                    4 Punkte

Die jährlichen Heizkostenersparnisse werden abgezinst, zusammengerechnet und von den Anschaffungskosten abgezogen:

| | |
|---|---:|
| Jahr 1 | 6.818,18 € |
| Jahr 2 | 8.264,46 € |
| Jahr 3 | 9.391,44 € |
| Jahr 4 | 8.537,66 € |
| Jahr 5 | 6.209,21 € |
| **Summe** | **39.220,95 €** |
| - Anschaffung | 40.000,00 € |
| | - 779,05 € |

Die Investition ist nicht vorteilhaft, weil die Summe der jährlich abgezinsten Heizkostenersparnisse die Anschaffungskosten unterschreitet.

**LÖSUNG**

## Lösung zu Fall 4                                                      **7 Punkte**

a) **Gesamtausgaben der Finanzierung**

Leasing: $7 \cdot 107.000\,€ + 75.000\,€$                              $= 824.000\,€$

Kredit: Die Gesamtausgaben entsprechen den Annuitäten. Die Annuität wird mit dem Kapitalwiedergewinnungsfaktor (KWF) berechnet.

$$KWF = \frac{q^n\,(q-1)}{q^n-1}$$

$$KWF = \frac{1,06^7\,(1,06-1)}{1,06^7-1}$$

$KWF = 0,17913499$

$KD = 800.000 \cdot 0,17913499 = 143.307,99\,€$

Annuität für 7 Jahre: $7 \cdot 143.307,99$                           $= 1.003.155,93\,€$

<u>Ergebnis:</u> Die Gesamtausgaben bei Kreditfinanzierung sind um $1.003.155,93 - 824.000$ $= 179.155,93\,€$ höher als bei Leasing.

b) **Vorteile des Leasing**

   – Keine Veränderung der Bilanzstruktur

   – Kein Kapitaleinsatz zur Anlagefinanzierung erforderlich

   – Keine Erhöhung des Fremdkapitals bzw. FK-Anteils

   – Besondere Kreditsicherheiten sind nicht erforderlich; Beleihungsgrenze entfällt, daher Schonung der Besicherungsmöglichkeiten der Abraham OHG

c) **Vorteile der Kreditfinanzierung**

   Die Abraham OHG ist rechtlich Eigentümerin der Maschine. Ersatz- und Zubehörteile sowie nachträgliche Veränderungen gehören ihr, bei vorzeitigem Ausscheiden erzielt sie den möglichen Veräußerungserlös.

   Durch die Wahl der Abschreibungsart kann die Höhe des Aufwands (Gewinns) beeinflusst werden.

d) Bei „**Sale and lease back**" ist der zukünftige Leasingnehmer zunächst Eigentümer des Objektes. Er verkauft das Objekt an eine Leasinggesellschaft und least es dann von dieser Gesellschaft (zurück).

## Lösung zu Fall 5                                    7 Punkte

a) Mit 600.000 € konnten, bei einem Kurs von 96, Anleihen von nominal 625 T€ erworben werden.

| | |
|---|---:|
| 6,5 % Zinsen von 625.000 € | 40.625 € |
| Kursgewinn (625.000 - 600.000) / 5 | 5.000 € |
| Gesamtertrag p. a. | 45.625 € |

Anlageinvestition:

| | | |
|---|---|---:|
| Umsatzerlöse (Mehrabsatz) | 50.000 · 25 € | = 1.250.000 € |
| - variable Kosten p. a. | 50.000 · 20 € | = 1.000.000 € |
| - Fixkosten p. a. | | 200.000 € |
| Gewinn p. a. | | 50.000 € |

Da die Anlageinvestition nach der Gewinnvergleichsrechnung den höheren Gewinn erbringt, ist diese Investition gegenüber der Kapitalanlage vorzuziehen.

b) Die Wiedergewinnungszeit für diese neue Betriebsanlage errechnet sich aus der Anschaffungsauszahlung, geteilt durch den durchschnittlichen Einzahlungsüberschuss.

| | |
|---|---:|
| Umsatzerlöse p. a. = Einzahlungen von | 1.250.000 € |
| - Auszahlungen (40 % der Fixkosten) | 80.000 € |
| variable Kosten | 1.000.000 € |
| = Einzahlungsüberschuss p. a. | 170.000 € |

600.000 € / 170.000 = 3,53 Jahre

## Lösung zu Fall 6                                    6 Punkte

a) Angaben in T€:

| Aufwand | | Ertrag | |
|---|---:|---|---:|
| Bearbeitungsgebühr (1,1 % des Umsatzes) | 132 | Skontoerträge (3 % vom Wareneinkauf) | 252 |
| Soll-Zinsen (7,5 % von 80 % der durchschnittlichen Außenstände) | 120 | Debitorenausfälle | 50 |
| | | Verwaltungskosten | 40 |
| | 252 | | 342 |
| Vorteil des Factoring | 90 | | |

b) Durch Factoring würde das in den Außenständen gebundene Kapital erheblich reduziert. Die Maschinenbau AG würde somit über Liquidität i. H. von 1,6 Mio. € (80 %) verfügen. Damit könnte der Lieferantenkredit vollständig abgebaut werden. Die restlichen 200.000 € stünden für andere Finanzierungszwecke zur Verfügung (z. B. Rückführung von Bankkrediten). Liquiditätsengpässe aufgrund schleppender Zahlungsweise könnten nicht mehr entstehen. Das Forderungsausfallrisiko i. H. von 50.000 € geht auf den Factor über. Außerdem ergeben sich noch Verwaltungskosteneinsparungen von 40.000 €.

Ein zusätzlicher Vorteil für die Maschinenbau AG wäre, dass 3 % Skonto in Anspruch genommen werden können und sich die allgemeine Bonität durch Nicht-Inanspruchnahme von Zahlungszielen erhöht.

c) Beim echten Factoring wird das Forderungsausfallrisiko mit übernommen, das bei unechtem Factoring zulasten des Factornehmers geht.

LÖSUNG

## Lösung zu Fall 7                                                    7 Punkte

| Jahr | Einnahmen (T€) | Ausgaben (T€) | Überschüsse (T€) | Abzinsungs-faktor | Barwert (T€) |
|------|------|------|------|------|------|
| 1 | 0 | 12.000 | - 12.000 | 0,917431 | - 11.009,17 |
| 2 | 0 | 15.000 | - 15.000 | 0,841680 | - 12.625,20 |
| 3 | 0 | 8.000 | - 8.000 | 0,772183 | - 6.177,46 |
| 4 | 20.000 | 11.000 | 9.000 | 0,708425 | 6.375.83 |
| 5 | 21.000 | 10.000 | 11.000 | 0,649931 | 7.149,25 |
| 6 | 15.000 | 1.000 | 14.000 | 0,596267 | 8.347,74 |
| 6 | 75.000 | 0 | 75.000 | 0,596267 | 44.720,03 |

| Barwerte | 36.781,02 |
|------|------|
| - Anschaffungsauszahlung | 60.000,00 |
| = Kapitalwert | - 23.218,98 |

Die Investition ist nicht sinnvoll, da sich ein negativer Kapitalwert ergibt und sich damit eine Verzinsung von weniger als 9 % abzeichnet.

LÖSUNG

## Lösung zu Fall 8                                                    17 Punkte

a) Empfehlungen

   1. Um den Fehlbetrag zwischen Anschaffungskosten des Automaten und dem Darlehen der Hausbank aufzubringen, werden

– der restliche Jahresüberschuss einbehalten und in eine Gewinnrücklage
  eingestellt $\qquad$ 100 T€

– die alten Maschinen verkauft $\qquad$ 15 T€

– z. B. von den Wertpapieren verkauft $\qquad$ 75 T€

190 T€

2. Die Abschreibungsgegenwerte können zur Tilgung verwendet werden.

$$\frac{640}{8} = 80\ \text{T€} \qquad \frac{450}{6} = 75\ \text{T€}$$

Voraussetzung: Die kalkulierten Abschreibungen müssen durch die erzielten Verkaufspreise der Produkte hereingeholt werden.

b) **Finanzierung aus Kapitalfreisetzung durch Rationalisierung im Lager**

Eine Möglichkeit ist, den Lagerumschlag des Rohstofflagers von derzeit 4.000 T€ = 4 · 1.000 T€ bei gleichbleibendem Materialeinsatz auf 5-mal zu erhöhen 4.000 T€ = 5 · 800 T€.

Dadurch könnte die Kapitalbindung im Lagerbestand um 200 T€ verringert werden.

**LÖSUNG**

## Lösung zu Fall 9 $\qquad$ **15 Punkte**

a) Lösungstabelle:

| Jahr | 14 % | Überschuss Objekt | Barwert Objekt |
|------|------|-------------------|----------------|
| 1 | 0,877193 | 20.000 | 17.543 |
| 2 | 0,769468 | 60.000 | 46.168 |
| 3 | 0,674972 | 40.000 | 26.998 |
| 4 | 0,592080 | - 10.000 | - 5.921 |
| 5 | 0,519369 | 10.000 | 5.193 |
| Barwert | | | 89.981 |
| Anschaffungsauszahlung | | | 90.000 |
| Kapitalwert | | | - 19 |

Die Investition ist nicht vorteilhaft, da der Kapitalwert negativ ist.

b) Die Gewinnvergleichsrechnung kann sinnvoll nur eingesetzt werden, wenn zwei oder mehrere Investitionsvarianten zu beurteilen sind. Da in diesem Sachverhalt nur ein Investitionsgut zu beurteilen ist, kann eine Entscheidung mit dieser Methode nicht getroffen werden. Derartiges wäre nur möglich, wenn das Unternehmen einen Mindestgewinn vorgibt und dieser mit dem Ergebnis der Gewinnvergleichsrechnung zu vergleichen ist.

c) Die Gewinnvergleichsrechnung stellt ein statisches Investitionsrechnungsverfahren dar. Der Zeitfaktor bleibt unberücksichtigt. Es wird bei den statischen Verfahren der Investitionsrechnung (Kostenvergleichsrechnung, Gewinnvergleichsrechnung, Rentabilitätsrechnung; Amortisationsrechnung) nur das 1. Jahr betrachtet und unterstellt: Ist die geplante Investitionsmaßnahme im 1. Jahr vorteilhaft/unvorteilhaft, dann wird sie das auch in den Folgejahren sein.

Bei den dynamischen Verfahren (Kapitalwertmethode, interne Zinsfußmethode, Annuitätenmethode) wird der Zeitfaktor (Anfall der Überschüsse in unterschiedlichen Perioden) durch Abzinsung auf den Zeitpunkt $t_0$, berücksichtigt. Durch Anwendung des Abzinsungsfaktors (AbF) wird der Zinseszinseffekt berücksichtigt. Die dynamischen Verfahren sind somit wesentlich genauer als die statischen Verfahren.

LÖSUNG

## Lösung zu Fall 10                                                    3 Punkte

a) Der **Investitionsentscheidungsprozess** gliedert sich in mehrere Teilbereiche:

Anregungsphase:

- Anregung der Investition

- Beschreibung des Investitionsproblems

Suchphase:

- Festlegung der Bewertungskriterien

- Festlegung der Begrenzungsfaktoren

- Ermittlung der Investitionsalternativen

Entscheidungsphase:

- Vorauswahl der Investitionsalternativen

- Festlegung der Investitionsalternativen

- Bestimmung der vorteilhaftesten Investitionsalternative

b) Im Rahmen des Investitionsentscheidungsprozesses ist vor allem die Optimierung des Kapitalbedarfs ein entscheidender Gesichtspunkt. Diese Ermittlung ergibt sich aus Investitionsrechnungen. Dabei handelt es sich um Verfahren, bei denen festgestellt wird, ob ein Investitionsobjekt den allgemeinen Vorstellungen des Investors entspricht. Die Investitionsrechnungen unterteilen sich in statische und dynamische Verfahren.

Die statischen Investitionsrechnungen sind relativ einfach zu handhaben, ihr Aussagewert ist aber beschränkt. Merkmale sind:

- Sie beziehen sich auf eine Periode

- Sie beziehen sich auf Kosten und Erträge

Zu den statischen Investitionsrechnungen gehören:

– Kostenvergleichsrechnung

– Gewinnvergleichsrechnung

– Rentabilitätsrechnung

– Amortisationsrechnung

Die dynamischen Investitionsrechnungen sind relativ schwer zu handhaben. Ihr Aussagewert ist aber wesentlich besser als bei den statischen Methoden. Merkmale sind:

– Sie beziehen sich auf sämtliche Nutzungsperioden

– Sie beziehen sich auf Einzahlungen und Auszahlungen

– Sie basieren auf finanzmathematischen Grundlagen

Zu den dynamischen Methoden gehören:

– Kapitalwertmethode

– Interne Zinsfuß-Methode

– Annuitätenmethode

**LÖSUNG**

## Lösung zu Fall 11 5 Punkte

| | Fall 1 | Fall 2 | Fall 3 |
|---|---|---|---|
| Gesamtkapital | 100.000 € | 100.000 € | 100.000 € |
| Fremdkapitalquote | 25 % | 50 % | 75 % |
| Fremdkapital | 25.000 € | 50.000 € | 75.000 € |
| Eigenkapital | 75.000 € | 50.000 € | 25.000 € |
| Gewinn vor FK-Zinsen | 10.000 € | 10.000 € | 10.000 € |
| - 7 % FK-Zinsen | 1.750 € | 3.500 € | 5.250 € |
| Gewinn nach FK-Zinsen | 8.250 € | 6.500 € | 4.750 € |
| EK-Rentabilität (%) | 11,00 | 13,00 | 19,00 |

Die Fremdkapitalquote gibt an, mit wie viel % Fremdkapital die Investition finanziert wurde.

Die Eigenkapitalrendite berechnet sich nach der Formel:

$R_{EK}$ = Gewinn · 100 / EK

Für den 1. Fall ergibt sich somit:

$R_{EK}$ = 8.250 · 100 / 75.000 = 11

Für die Fälle 2 und 3 gilt derselbe Rechenweg.

Der Gewinn von 10 % spiegelt die Kapitalrendite der Investition wider.

Somit ist die Gesamtkapitalrendite aus der Investition 10 %. Da der FK-Zinssatz mit 7 % unter der Gesamtkapitalrendite liegt, steigt mit zunehmender Verschuldung die EK-Rentabilität. Dies wird als Leverage-Effekt (Hebeleffekt) bezeichnet.

LÖSUNG

## Lösung zu Fall 12                                    5 Punkte

a) **Berechnung der Effektivverzinsung**

Der Restwertverteilungsfaktor (RVF) errechnet sich nach der Formel

$$RVF = \frac{i}{(1+i)^n - 1} = \frac{0{,}07}{(1{,}07)^{10} - 1} = 0{,}0723775$$

$$i = \frac{p}{100} = 0{,}07$$

Da es sich um ein Festdarlehen handelt, muss hier nicht für „n" die mittlere Laufzeit ($t_m$) eingesetzt werden.

Der Effektivzinssatz ist dann:

$$r = \frac{7 + (100 - 92) \cdot RVF}{92} \cdot 100 = 8{,}238\,\%$$

$r \sim 8{,}2\,\%$

b) **Kreditbesicherung**

Für langfristige Bankdarlehen kommen i. d. R. Grundpfandrechte in Frage, d. h. als Besicherung für obigen Kredit bieten sich Grundschuld bzw. Hypothek an (vgl. auch die Erläuterungen in diesem Lehrbuch).

LÖSUNG

## Lösung zu Fall 13                                    5 Punkte

a)

|   | |  |
|---|---|---:|
| | Listenpreis | 148.000 € |
| - | Rabatt (5 % von 148.000 €) | 7.400 € |
| - | Skonto (2 % von 140.600 €) | 2.812 € |
| = | Zieleinkaufspreis | 137.788 € |
| + | Verpackung | 114 € |
| + | Fracht | 52 € |
| = | Nettopreis | 137.954 € |

b) Nettopreis und Anschaffungskosten stimmen nicht überein, da zu den Anschaffungskosten noch weitere Kosten bzw. Ausgaben gehören. Zusätzlich sind die Installations- und Probelaufkosten zu berücksichtigen.

Somit belaufen sich die Anschaffungskosten auf 139.042 €.

Generell gilt:

     Anschaffungspreis (netto)

\-   Anschaffungspreisminderungen

\+   Anschaffungsnebenkosten

=   Anschaffungskosten

c) Aus Gründen der Vorsicht sollte die Nutzungsdauer mit dem niedrigsten Schätzwert, also mit 7 Jahren angesetzt werden, insbesondere weil Erfahrungswerte fehlen.

d) Für das Anlagegut ergibt sich ein Liquidationserlös aus der Differenz zwischen Schrottwert und den Abbruchkosten, somit also ein Betrag i. H. von 3.520 €.

e) Aus Gründen der Vorsicht sollte als Kalkulationszinssatz der Kapitalmarktzins, der in absehbarer Zeit als verbindlich gilt, angesetzt werden. Er sollte also in jedem Fall 4 % übersteigen.

LÖSUNG

## Lösung zu Fall 14      5 Punkte

a)

| | Ausgaben | | Einnahmen | | |
|---|---|---|---|---|---|
| | monatlich (T€) | kumuliert (T€) | monatlich (T€) | kumuliert (T€) | Bedarf (T€) |
| Januar | 100 | 100 | 0 | 0 | 100 |
| Februar | 80 | 180 | 20 | 20 | 160 |
| März | 50 | 230 | 70 | 90 | 140 |
| April | 100 | 330 | 100 | 190 | 140 |
| Mai | 100 | 430 | 70 | 260 | 170 |
| Juni | 60 | 490 | 100 | 360 | 130 |
| Juli | 60 | 550 | 110 | 470 | 80 |
| August | 60 | 610 | 240 | 710 | − 100 |
| September | 80 | 690 | 90 | 800 | − 110 |
| Oktober | 100 | 790 | 40 | 840 | − 50 |
| November | 110 | 900 | 0 | 840 | 60 |
| Dezember | 80 | 980 | 20 | 860 | 120 |

b) Der Kapitalbedarf kann vermindert werden, wenn es irgendwie möglich gemacht wird, Ausgaben auf einen späteren Zeitpunkt zu verlagern, z. B. Stundungen zu erreichen oder Einnahmen früher zu erhalten.

c) Die Liquiditätsberechnungen, nämlich die Barliquidität (Liquidität 1. Grades), Liquidität auf kurze Sicht (Liquidität 2. Grades) und Liquidität auf mittlere Sicht (Liquidität 3. Grades) beziehen sich auf einen Zeitpunkt. Unmittelbar davor oder nach diesem Zeitpunkt kann die Liquidität völlig anders aussehen.

LÖSUNG

## Lösung zu Fall 15                                                      5 Punkte

a) Die Rendite, die die Investition erbringen muss, ergibt sich aus dem adäquaten Kalkulationszinsfuß. Dieser wird als gewogenes Mittel der Finanzierungskosten errechnet.

| Eigenkapital | = 600.000 € zu 6,5 % · 30 % | = 1,95 % |
|---|---|---|
| Sonderkredit | = 500.000 € zu 4,0 % · 25 % | = 1,00 % |
| Darlehen | = 900.000 € zu 8,0 % · 45 % | = 3,60 % |
| | | 6,55 % |

Die Investition muss mindestens eine Rendite von 6,56 % erbringen.

b) Durch eine ungleichmäßige Tilgung der Darlehen während der Gesamtlaufzeit ergeben sich Schwankungen in den relativen Gewichten der Teilfinanzierungen und somit eine Änderung des Kalkulationszinsfußes. Sollte die Finanzierungsstruktur für die gesamte Laufzeit konstant bleiben, stellt sich dieses Problem nicht.

LÖSUNG

## Lösung zu Fall 16                                                      5 Punkte

| | |
|---|---:|
| a) Gebäude | 750.000 € |
| Maschine | 550.000 € |
| BGA | 350.000 € |
| Gründung und Ingangsetzung | 10.000 € |
| Anlagekapitalbedarf | 1.660.000 € |
| Roh-, Hilfs- und Betriebsstoffe 9.000 · (30 + 10 + 8 + 10 - 30) | 252.000 € |
| Löhne und Gehälter 10.000 · (10 + 8 + 10) | 280.000 € |
| sonstige Ausgaben 1.000 · (30 + 10 + 8 + 10) | 58.000 € |
| Umlaufkapitalbedarf | 590.000 € |
| Gesamtkapitalbedarf | 2.250.000 € |

b) Anlagekapitalbedarf                                                  1.660.000 €

  Roh-, Hilfs- und Betriebsstoffe 9.000 · (30 + 30 + 8 + 10 - 10)        612.000 €

  Löhne und Gehälter 10.000 · (30 + 8 + 10)                              480.000 €

  sonstige Ausgaben 1.000 · (30 + 30 + 8 + 10)                            78.000 €

  Umlaufkapitalbedarf                                                  1.170.000 €

  Gesamtkapitalbedarf                                                  2.830.000 €

c) Anlagekapitalbedarf                                                  1.660.000 €

  Roh-, Hilfs- und Betriebsstoffe 9.000 · (10 + 10 + 2 + 10 - 30)         18.000 €

  Löhne und Gehälter 10.000 · (10 + 2 + 10)                             220.000 €

  sonstige Ausgaben 1.000 · (10 + 10 + 8 + 10)                            38.000 €

  Umlaufkapitalbedarf                                                    276.000 €

  Gesamtkapitalbedarf                                                  1.936.000 €

**LÖSUNG**

## Lösung zu Fall 17                                                    5 Punkte

a) **Tilgungsplan**

Der Kapitalwiedergewinnungsfaktor (KWF) ist bei 8 % und 5 Jahren:

KWF = 0,250456454

Es ergibt sich dann eine Annuität von

A = 3000.000 € · 0,250456454 ~ 75.136,94 €

| Jahr | Kredit am Jahresanfang | Annuität | Zinsen | Tilgung | Kredit am Jahresende |
|------|------------------------|----------|--------|---------|----------------------|
| 01 | 300.000,00 € | 75.136,94 € | 24.000,00 € | 51.136,94 € | 248.863,06 € |
| 02 | 248.863,06 € | 75.136,94 € | 19.909,05 € | 55.227,89 € | 193.635,17 € |
| 03 | 193.635,17 € | 75.136,94 € | 15.490,81 € | 59.646,12 € | 133.989,05 € |
| 04 | 133.989,05 € | 75.136,94 € | 10.719,12 € | 64.417,81 € | 69.571,24 € |
| 05 | 69.517,24 € | 75.136,94 € | 5.565,70 € | 69.571,24 € | 0,00 € |

b) Liegt die Gesamtkapitalrentabilität über dem FK-Zinssatz, dann erhöht sich die Eigenkapitalrentabilität bei zunehmender Verschuldung. Dieser Sachverhalt wird als Leverage-Effekt (Hebeleffekt) bezeichnet.

## Lösung zu Fall 18                                    7 Punkte

**Historischer Hintergrund:**

Historisch gesehen wäre die Bezeichnung Marx-Engels-Effekt genauer, da der Effekt bereits im Jahre 1867 in einem Briefwechsel zwischen Karl Marx und Friedrich Engels angesprochen wurde. Erst im Jahre 1953 stellten Ernst Lohmann und Hans Ruchti den Effekt dar. In der Literatur hat sich jedoch der Begriff Lohmann-Ruchti-Effekt durchgesetzt.

**Voraussetzungen:**

► Die kalkulatorischen Abschreibungen müssen in die Verkaufspreise eingerechnet sein;

► die Produkte müssen mindestens zu Selbstkosten verkauft werden;

► alle Forderungen sind zu Einzahlungen geworden;

► die freigesetzten Abschreibungsgegenwerte fließen bereits vor Ende der Nutzungsdauer, also bevor das Sachanlagegut zu ersetzen ist, in das Unternehmen zurück.

**Effekte:**

Der Lohmann-Ruchti-Effekt umfasst den Kapitalfreisetzungseffekt und den Kapazitätserweiterungseffekt.

► Kapitalfreisetzungseffekt:

Die in den Verkaufspreisen enthaltenen kalkulatorischen Abschreibungen fließen über die Umsatzerlöse in das Unternehmen zurück und stehen für Finanzierungszwecke zur Verfügung.

► Kapazitätserweiterungseffekt:

Durch sofortige Reinvestition der Abschreibungsgegenwerte in Sachanlagen erhöht sich die Periodenkapazität der Unternehmung, da die durch Abschreibungsgegenwerte erworbenen Anlagen wieder abgeschrieben werden und dadurch zusätzliche Wirtschaftsgüter gekauft werden können usw.

**Kritische Würdigung:**

Folgende Kritikpunkte könnten u. a. angeführt werden:

► zusätzliches Anlagevermögen (z. B. Maschinen) erfordert zusätzliches Anlage- (z. B. Maschinenhallen) und Umlaufvermögen (z. B. Rohstoffe);

► die Marktsituation bleibt unberücksichtigt (z. B. ist zusätzlicher Bedarf vorhanden? Überangebot könnte zu sinkenden Verkaufspreisen führen);

► unbegrenzte Teilbarkeit der Anlagen ist Voraussetzung; ist jedoch nicht immer gegeben (z. B. Petrochemie).

## Lösung zu Fall 19                    **12 Punkte**

a)

| Jahr | P1 8 % | Überschuss Objekt 1 | Barwert Objekt 1 | Überschuss Objekt 2 | Barwert Objekt 2 |
|------|--------|---------------------|------------------|---------------------|------------------|
| 1 | 0,925926 | 18.000 € | 16.667 € | 23.000 € | 21.296 € |
| 2 | 0,857339 | 22.000 € | 18.861 € | 25.000 € | 21.433 € |
| 3 | 0,793832 | 20.000 € | 15.877 € | 23.000 € | 18.258 € |
| 4 | 0,735030 | 26.000 € | 19.111 € | 23.000 € | 16.906 € |
| 5 | 0,680583 | 25.000 € | 17.015 € | 21.000 € | 14.292 € |
| 6 | 0.630170 | 24.000 € | 15.124 € | 20.000 € | 12.603 € |
| Summe | | | 102.655 € | | 104.788 € |
| Liquidationserlös | 0,630170 | 6.000 € | 3.781 € | 8.000 € | 5.041 € |
| Barwert | | | 106.436 € | | 109.829 € |
| Anschaffungswert | | | 98.000 € | | 98.000 € |
| $Co_1$ | | | 8.436 € | | 11.829 € |

| Jahr | P2 12 % | Überschuss Objekt 1 | Barwert Objekt 1 | Überschuss Objekt 2 | Barwert Objekt 2 |
|------|---------|---------------------|------------------|---------------------|------------------|
| 1 | 0,892857 | 18.000 € | 16.071 € | 23.000 € | 20.536 € |
| 2 | 0,797194 | 22.000 € | 17.538 € | 25.000 € | 19.930 € |
| 3 | 0,711780 | 20.000 € | 14.236 € | 23.000 € | 16.371 € |
| 4 | 0,635518 | 26.000 € | 16.523 € | 23.000 € | 14.617 € |
| 5 | 0,567427 | 25.000 € | 14.186 € | 21.000 € | 11.916 € |
| 6 | 0,506631 | 24.000 € | 12.159 € | 20.000 € | 10.133 € |
| Summe | | | 90.713 € | | 93.503 € |
| Liquidationserlös | 0,506631 | 6.000 € | 3.040 € | 8.000 € | 4.053 € |
| Barwert | | | 93.753 € | | 93.556 € |
| Anschaffungswert | | | 98.000 € | | 98.000 € |
| $Co_2$ | | | - 4.247 € | | - 444 € |

**Beurteilung Objekt 1:**

$$r = P1 - Co_1 \cdot \frac{P2 - P1}{Co_2 - Co_1}$$

$$r = 8 - 8.436 \cdot \frac{12 - 8}{-4.247 - 8.436}$$

r = 8 + 2,66 ~ **10,66 %**

**Beurteilung 2. Objekt:**

$$r = P1 - Co_1 \cdot \frac{P2 - P1}{Co_2 - Co_1}$$

$$r = 8 - 11.829 \cdot \frac{12 - 8}{-444 - 11.829}$$

r = 8 + 3,86 ~ **11,86 %**

Beide Objekte liegen über dem Kalkulationszinsfuß von 10 %. Die vorteilhaftere ist jedoch die zweite Investitionsalternative mit einem internen Zinsfuß von 11,86 %.

b) Bei einer erwarteten Mindestverzinsung von 12 % ist keine Alternative als vorteilhaft anzusehen.

## Lösung zu Fall 20                                                    6 Punkte

a) Effektive Verzinsung bei Tilgung in gleichen jährlichen Raten:

Da das Darlehen nicht am Ende der gesamten Laufzeit getilgt wird (endfälliges Darlehen), muss mit der mittleren Laufzeit ($t_m$) die Effektivverzinsung berechnet werden.

Folgende Variablen gelten für die nachfolgende Formel:

Z = Zinssatz (Zinsen von 100)

R = Rückzahlungskurs (100)

K = Auszahlungskurs

$t_m$ = mittlere Laufzeit

$t_m = (t_f + t_R + 1) / 2$

$t_f$ = tilgungsfreie Zeit

$t_R$ = Restlaufzeit

$$\frac{Z + (R - K) / tm}{K} \cdot 100 = r$$

$$\frac{7 + 4 / 5,5}{96} \cdot 100 = 8,05 \%$$

b) Effektive Verzinsung bei vier tilgungsfreien Jahren und anschließender Tilgung in gleichen jährlichen Raten:

$$\frac{7 + 4 / 7,5}{96} \cdot 100 \quad = 7,85\,\%$$

c) Effektive Verzinsung bei vier tilgungsfreien Jahren und anschließender Tilgung in gleichen jährlichen Raten bei einem Rückzahlungskurs von 104 %:

$$\frac{7 + 8 / 7,5}{96} \cdot 100 \quad = 8,40\,\%$$

**LÖSUNG**

## Lösung zu Fall 21                                     6 Punkte

**Alternative A:**

Der Verkäufer erhält **3.000.000 €**

**Alternative B:**

Unter Verwendung des Diskontierungssummenfaktors ergibt sich folgende Rechnung:

1.000.000 + 1.000.000 · 2,401831 = **3.401.831 €**

**Alternative C:**

Wiederum unter Verwendung des Diskontierungssummenfaktors:

500.000 + 500.000 · 4,111407 = **2.555.703,50 €**

<u>Ergebnis:</u> Die Alternative B ist allen anderen vorzuziehen.

**LÖSUNG**

## Lösung zu Fall 22                                     8 Punkte

a) Bei der Kapitalerhöhung aus Gesellschaftsmitteln fließt der Gesellschaft kein neues, frisches Kapital zu. Es verändert sich lediglich die Struktur des Eigenkapitals. Geeignete Rücklagen werden in Grundkapital umgewandelt. Bei der Kapitalerhöhung gegen Einlagen fließen der Maschinenbau AG durch die Emission von neuen Aktien neue liquide Mittel von außen zu.

b) Bei der Optionsanleihe bleibt der Inhaber der Anleihe bei Ausübung seines Bezugsrechts auf Aktien weiterhin Gläubiger. Er ist nach Erhalt der Aktien sowohl Eigentümer als auch Gläubiger. Bei der Wandelanleihe wird durch Ausübung der Wandlung aus dem Gläubiger ein Anteilseigner, Fremdkapital wird zu Eigenkapital.

c) Bei Inhaberaktien erfolgt die Eigentumsübertragung allein durch Einigung und Übergabe. Derartiges geschieht heutzutage in der Praxis i.d.R. durch Umbuchungen auf den Wertpapierdepots. Bei Namensaktien gelten hinsichtlich der Eigentumsübergang strengere Bestimmungen:

Es muss jeder Kauf oder Verkauf im Aktienbuch der AG festgehalten werden. In diesem Aktienbuch sind alle Aktionäre aufgeführt. Gründe für die Umstellung von Inhaber- auf Namensaktien können u. a. sein:

Handelt es sich bei den ausgegebenen Aktien nur um Namensaktien, sind der Aktiengesellschaft alle Aktionäre und der genaue Anteilsbesitz bekannt. Feindliche Übernahmen sind relativ leicht erkennbar, sodass einfacher entgegengesteuert werden kann. Ebenso ist ganz allgemein ein genauer Überblick über die gesamte Aktionärsstruktur möglich. Sämtliche Aktionäre können dementsprechend auch punktuell von der Gesellschaft angesprochen, informiert und betreut werden.

LÖSUNG

## Lösung zu Fall 23      **4 Punkte**

a) Mit beiden Mietwohnobjekten wird laut Prognose während der 5 Jahre insgesamt ein Einzahlungsüberschuss i. H. von 190.000 € erzielt.

b) Aus Gründen der Investitionsrechnung ist die zweite Immobilie vorteilhafter, da sie in den ersten Jahren höhere Einzahlungsüberschüsse erreicht.

LÖSUNG

## Lösung zu Fall 24      **4 Punkte**

Die **goldene Finanzierungsregel** beinhaltet den Grundsatz der Fristenkongruenz. Langfristige Investitionen sind mit langfristigem Kapital und kurzfristige Anlagen sind mit kurzfristigem Kapital zu finanzieren.

Die **goldene Bilanzregel** ist die Konkretisierung der goldenen Finanzierungsregel. Es handelt sich hierbei um den Deckungsgrad I (AV >= EK >= 100 %) bzw. den Deckungsgrad II (AV >= EK + FK$_{lang}$ >= 100 %).

Der **Kontokorrentkredit** ist unter Beachtung der goldenen Finanzierungs- und der goldenen Bilanzregel für die Finanzierung des Lkw ungeeignet.

Selbst wenn die Kontokorrentlinie noch nicht ausgeschöpft sein sollte handelt es sich um kurzfristiges Fremdkapital.

Beim **Bankkredit** stimmen Kredithöhe und Laufzeit des Kredits überein. Diese Alternative entspricht den Finanzierungsregeln.

**LÖSUNG**

## Lösung zu Fall 25                                                    4 Punkte

a) Der Begriff „Akzessorität der Hypothek" bedeutet, dass die Hypothek vom Bestand einer Forderung abhängig ist. Der Anspruch aus der Hypothek ist vom Bestehen des persönlichen Anspruchs abhängig. Die Grundschuld dagegen ist „abstrakt", d. h. sie ist nicht vom Bestehen
   einer Forderung abhängig. Der Anspruch aus der Grundschuld ist nicht vom Bestehen des
   persönlichen Anspruchs abhängig.

b) Die Hypothek ist aufgrund ihrer Akzessorität an die Forderung gebunden. Jede zwischenzeitliche Tilgung des Kontokorrentkredits führt automatisch zu einer Verringerung der Hypothek. Lebt der Kredit wieder auf, entsteht die Hypothek nicht automatisch neu, sondern
   muss neu eingetragen werden. Im Gegensatz dazu ist die abstrakte Grundschuld zu sehen.
   Bei diesem Grundpfandrecht bewirkt eine zwischenzeitliche Tilgung des Kontokorrentkredits
   nicht eine Verringerung der Grundschuld. Sie bleibt bestehen.

**LÖSUNG**

## Lösung zu Fall 26                                                    7 Punkte

a) Berechnung des Cashflows (in T€):

| | |
|---|---:|
| Jahresüberschuss | 200 |
| Abschreibung auf Sachanlagen | 200 |
| Zuführung zu Pensionsrückstellungen | 100 |
| Cashflow | 500 |

b) Folgende Änderungen werden sich ergeben (in T€):

| | | |
|---|---:|---:|
| Sachanlagen: | 800 | |
| | - 200 (AfA) | |
| | + Investitionen: 70 % von 500 = 350 | 950 |
| Kasse/Bank: | 250 | |
| | + 10 % von 500 = 50 | 300 |
| Gewinnrücklagen | 100 | |
| | + thesaurierter Jahresüberschuss 100 | 200 |
| Pensionsrückstellungen: | 260 | |
| | + Zuführung 100 | 360 |
| kurzfristiges Fremdkapital: | 370 | |
| | + 100 (Dividende) | |
| | - 20 % von 500 = 100 | 370 |

c) Die Vorteile der Finanzierung über den Cashflow gegenüber der Fremdfinanzierung sind u. a.:

- Die Kreditwürdigkeit steigt, da sich die Substanz des Unternehmens erhöht.

- Es müssen keine weiteren Sicherheiten gestellt werden.

- Positive Auswirkungen auf die Liquidität, da keine zusätzliche Zins- und Tilgungsleistungen anfallen

**LÖSUNG**

## Lösung zu Fall 27                                    10 Punkte

a) Berechnung der Stückkosten

|  | Fremdbezug | Maschine A | Maschine B |
|---|---|---|---|
| Abschreibungen |  | 8.000 € | 20.000 € |
| kalkul. Zinsen |  | 1.920 € | 4.800 € |
| Gehälter |  | 10.000 € | 10.000 € |
| sonst. fixe Kosten |  | 7.690 € | 12.000 € |
| fixe Kosten/Jahr |  | 27.610 € | 46.800 € |
| fixe Kosten/Stück |  | 3,45 € | 4,68 € |
| variable Kosten/Jahr |  | 130.000 € | 112.000 € |
| variable Stückkosten |  | 16,25 € | 11,20 € |
| **Gesamtkosten pro Stück** | **25,00 €** | **19,70 €** | **15,88 €** |

Ergebnis: Maschine B ist die günstigste Alternative.

b) **Berechnung der kritischen Menge (kostengleichen Ausbringungsmenge)**

$K_A = K_B$

$K_A = 16{,}25x + 27.610 €$

$K_B = 11{,}20x + 46.800 €$

$16{,}25x + 27.610 € = 11{,}2x + 46.800 €$

$x = 3.800$

Ergebnis: Bei 3.800 Stück sind die Kosten von Maschine A und Maschine B gleich.

## Lösung zu Fall 28                                    5 Punkte

a) **Berechnung des effektiven Jahreszinses**

| | |
|---|---:|
| Zahlungsziel: | 30 Tage |
| Zahlungsfrist bei Skontogewährung: | 14 Tage |
| Laufzeit des Lieferantenkredits: | 16 Tage |
| Rechnungsbetrag: | 95.200,00 € |
| 3 % Skonto: | 2.856,00 € |
| Kreditbedarf: | 92.344,00 € |

$$\text{Jahreszinssatz} = \frac{\text{Skontobetrag} \cdot 100 \cdot 360}{\text{Kapitalbedarf} \cdot \text{Laufzeit des Kredits}}$$

$$\text{Jahreszinssatz} = \frac{2.856 \cdot 100 \cdot 360}{92.344 \cdot 16} = \frac{102.816.000}{1.477.504} \sim 69,59\,\%$$

<u>Ergebnis:</u> Der effektive Jahreszins des Lieferantenkredits beträgt ca. 69,59 %.

b) **Berechnung des Finanzierungserfolgs**

$$\text{Zinsen} = \frac{92.344 \cdot 10,5 \cdot 16}{360 \cdot 100} = \frac{15.513.792}{36.000} \sim 430,94\,€$$

| | |
|---|---:|
| Bruttoskonto | 2.856,00 € |
| - 19 % Vorsteuer | 456,00 € |
| Nettoskonto | 2.400,00 € |
| Skontoertrag | 2.400,00 € |
| - Kreditzinsen | 430,94 € |
| Finanzierungsgewinn | 1.969,06 € |

c) **Gemeinsamkeiten und Unterschiede von Kontokorrentkredit und Avalkredit:**

Sowohl Kontokorrent- als auch Avalkredit sind kurzfristige Fremdfinanzierungsinstrumente. Der wesentliche Unterschied besteht darin, dass der Avalkredit keine Geldleihe, sondern eine Kreditleihe ist, d. h. es fließen erst dann Geldmittel, wenn der Kreditnehmer seinen Leistungen gegenüber Dritten nicht nachkommt. Die Bank geht eine Eventualverbindlichkeit in Form einer Bürgschaft oder Garantie ein.

## Lösung zu Fall 29                                7 Punkte

a) Die Veränderungen und Löschungen der Grundpfandrechte stehen in Abteilung 3 des Grundbuchs.

b) Die (Sicherungs- und Verkehrs-)Hypothek ist mit einer bestehenden Forderung fest verbunden (Akzessorietät). Jede Rückzahlung führt zu einer Verringerung der Hypothek und damit der grundbuchmäßigen Sicherung. Da es sich beim Kontokorrentkredit um einen Kredit mit ständig wechselnder Höhe handelt ist die Hypothek zur Absicherung grundsätzlich nicht geeignet.

   Da die Grundschuld nicht an eine Forderung gebunden ist, eignet sie sich zur Besicherung eines Kontokorrentkredits, da die Veränderung des Kredits sich nicht auf die grundbuchmäßige Besicherung auswirkt. Sie bleibt bestehen.

c) Akzessorisch bedeutet, dass die Hypothek an eine Forderung gebunden ist (siehe oben). Verringert sich die Kreditsumme, so verringert sich auch die Höhe der Hypothek (vgl. aber auch Höchstbetragshypothek).

   Die Grundschuld ist nicht an das Bestehen einer Forderung gebunden, d. h. sie ist abstrakt (fiduziarisch).

## Lösung zu Fall 30                                5 Punkte

a) **Cap:** Zinssicherungsinstrument, das dem Kreditnehmer mit variabler Finanzierungsbasis eine gesicherte Kalkulationsgrundlage zu Maximalkosten schafft. Gegen Zahlung einer Prämie erhält der Kreditnehmer Ausgleichszahlungen, wenn der Zinssatz über die vereinbarte Obergrenze (Strike) steigt. Damit werden die Finanzierungskosten auf die vereinbarte Zinsobergrenze begrenzt. Man ist somit gegen steigende Zinsen abgesichert, profitiert aber weiterhin von niedrigen bzw. fallenden Zinsen.

   **Swap:** Hierbei werden Festsatzzinsen gegen variable Zinsen getauscht. Bank A kommt beispielsweise günstig an kurzfristige, Bank B günstig an langfristige Mittel, und beide benötigen jeweils das Gegenteil. Jeder Partner beschafft sich jeweils, was er günstig bekommen kann. Anschließend wird ein Swap vereinbart. Als Konsequenz erhält jeder die benötigten Mittel zu einem günstigeren Zinssatz, als er selbst am Markt hätte bekommen können.

b) Es bietet sich ein **Floor** an. Dies ist ein Zinssicherungsinstrument, das dem Investor, der eine variable Verzinsung hat, ein Mindestzinsniveau absichert. Ein Ertragsausfall wird somit ausgeschlossen. Gegen Zahlung einer Prämie werden Ausgleichszahlungen geleistet, wenn die Zinsen unter eine vereinbarte Untergrenze sinken. Damit wird ein Ertragsminimum in Höhe der Untergrenze abgesichert.

LÖSUNG

## Lösung zu Fall 31      7 Punkte

| a) | Anschaffungspreis: | 32.000 € |
|---|---|---|
| | - Anschaffungspreisminderung: | 3.200 € |
| | Anschaffungskosten: | 28.800 € |

b) **Leasing**

| Leasingraten: 48 · 550 = | 26.400 € |
|---|---|
| Sonderzahlung: | 6.400 € |
| Gesamtkosten Leasing: | 32.800 € |

**Bankkredit**

| Anschaffungskosten (siehe a)): | 28.800 € |
|---|---|
| Disagio: 3 % von 28.800 = | 864 € |
| Zinsen: 6,5 % von 28.800 = | 1.872 € |
| Abschreibungen (linear): | 7.200 € |
| | 38.736 € |
| - Liquidationserlös: | 8.000 € |
| Gesamtkosten Fremdfinanzierung: | 30.736 € |

Ergebnis: Es ist Fremdfinanzierung zu empfehlen.

| c) | Kreditbedarf: | 32.000 € |
|---|---|---|
| | Disagio: 3 % von 32.000 = | 960 € |
| | Zinsen: 6,5 % von 32.000 = | 2.080 € |
| | Abschreibungen: | 8.000 € |
| | Gesamtkosten Fremdfinanzierung | 43.040€ |
| | - Liquidationserlös: | 8.000 € |
| | Gesamtkosten Fremdfinanzierung: | 35.040 € |
| | Leasing (unverändert): | 32.800 € |

Ergebnis: Bei Abnahme von 5 Fahrzeugen wäre Leasing zu empfehlen.

## Lösung zu Fall 32 7 Punkte

a) **Finanzplan** (alle Angaben in T€):

| Wochen | 01 | 02 | 03 | 04 | 05 | 06 |
|---|---|---|---|---|---|---|
| Ausgaben | 80 | 25 | 20 | 15 | 80 | 25 |
| kumulierte Ausgaben | 80 | 105 | 125 | 140 | 220 | 245 |
| Einnahmen | 0 | 0 | 0 | 0 | 0 | 0 |
| kumulierte Einnahmen | 0 | 0 | 0 | 0 | 0 | 0 |
| Kapitalbedarf | 80 | 105 | 125 | 140 | 220 | 245 |

| Wochen | 07 | 08 | 09 | 10 | 11 | 12 |
|---|---|---|---|---|---|---|
| Ausgaben | 20 | 15 | 80 | 25 | 20 | 15 |
| kumulierte Ausgaben | 265 | 280 | 360 | 385 | 405 | 420 |
| Einnahmen | 0 | 210 | 0 | 0 | 0 | 210 |
| kumulierte Einnahmen | 0 | 210 | 210 | 210 | 210 | 420 |
| Kapitalbedarf | 265 | 70 | 150 | 175 | 195 | 0 |

b) **Kapitalbedarf:**

1. bis 7. Woche: 265 T€; 8. bis 11. Woche: 195 T€

c) **Kurzfristige Finanzierungsmöglichkeiten** zur Deckung des Kapitalbedarfs, z. B.:

   – Kontokorrentkredit

   – Lombardkredit (in Form des Effektenlombards)

## Lösung zu Fall 33 5 Punkte

Die alte Maschine ist dann zu ersetzen, wenn die Kosten der neuen Maschine niedriger sind.

| | Maschine (alt) | Maschine (neu) |
|---|---|---|
| Abschreibungen | 25.000 € | 31.250 € |
| kalkulatorische Zinsen (10 % von $^A/_2$) | 10.000 € | 12.500 € |
| sonstige fixe Kosten | 40.000 € | 30.000 € |
| fixe Kosten insgesamt | 75.000 € | 73.750 € |
| variable Kosten insges. | 17.500 € | 16.250 € |
| Gesamtkosten | 92.500 € | 90.000 € |

Ergebnis: Der Ersatz der alten Maschine durch die neue lohnt sich.

LÖSUNG

## Lösung zu Fall 34 34 Punkte

a) Goldene Bilanzregel, enge Fassung:

Anlagevermögen soll voll mit Eigenkapital finanziert werden:

$AV \leq EK$

Eigenkapital: 760 Mio. € (der Bilanzgewinn zählt zum kurzfristigen Fremdkapital, da er ausgeschüttet wurde).

Anlagevermögen: 1.230 Mio. €

Daraus ergibt sich, dass die goldene Finanzregel in der engen Fassung nicht eingehalten wurde.

**Goldene Bilanzregel, weite Fassung:**

Anlagevermögen soll mit Eigenkapital und langfristigem Fremdkapital gedeckt werden:

$AV \leq EK + FK_{lang}$

| | |
|---|---:|
| Eigenkapital: | 760 Mio. € |
| Pensionsrückstellungen: | 100 Mio. € |
| übriges langfr. FK: | 830 Mio. € |
| EK + FK_{lang}: | 1.690 Mio. € |
| Anlagevermögen: | 1.230 Mio. € |

<u>Ergebnis:</u> Die goldene Bilanzregel in der weiten Fassung wurde eingehalten.

b) Offene Selbstfinanzierung (offen, da aus der Bilanz zu ersehen): Gewinne (Jahresüberschüsse) werden vollständig oder teilweise nicht ausgeschüttet, sondern verbleiben im Unternehmen (Gewinnthesaurierung oder kurz Thesaurierung). Dadurch erhöht sich das Eigenkapital. Bei Kapitalgesellschaften werden die thesaurierten Gewinne den Gewinnrücklagen zugewiesen.

Die Gewinnrücklagen betragen bei der Maschinenbau AG 140 Mio. €. Das entspricht der offenen Selbstfinanzierung.

c) Stille Selbstfinanzierung ist im Gegensatz zur offenen Selbstfinanzierung aus der Bilanz nicht zu ersehen. Stille Selbstfinanzierung erfolgt durch Bildung stiller Reserven. Diese entstehen durch Unterbewertung von Vermögensteilen (z. B. tatsächliche Wertminderung der Sachanlagen ist niedriger als die Abschreibungen) und/oder der Überbewertung von Schulden (z. B. Bildung überhöhter Rückstellungen).

Somit kann stille Selbstfinanzierung in den Bilanzpositionen Anlagevermögen und Rückstellungen vermutet werden.

d) EK-Rentabilität = (Jahresüberschuss · 100) / Eigenkapital

$r_{EK}$ = (160 · 100) / 760 ~ **21,05 %**

GK-Rentabilität = ((Jahresüberschuss + FK-Zinsen) · 100) / Gesamtkapital

$r_{GK}$ = ((160 + 11) · 100) / 1.900 = **9,0 %**

e) EK-Quote = (EK · 100) / Gesamtkapital

EK-Quote = (760 · 100) / 1.900 = **40,0 %**

Die EK-Quote ist mit 40 % überdurchschnittlich hoch.

Vorteile (z. B.):

− geringe Liquiditätsbelastung durch Zins und Tilgung

− Wahrung der finanziellen Flexibilität (bei Bedarf kann problemlos zusätzliches FK aufgenommen werden)

− Wahrung der wirtschaftlichen Unabhängigkeit (kein Einfluss auf die Unternehmenspolitik durch FK-Geber)

Nachteil:

− Sinkende EK-Rentabilität (vgl. Leverage-Effekt)

f) Die Rücklagen können nicht zur Finanzierung der geplanten Investition herangezogen werden. Die Passivseite ist das abstrakte Spiegelbild der Aktivseite, d. h. die Rücklagen sind in Positionen der Aktivseite enthalten. Insofern können nur liquide Mittel zur Finanzierung herangezogen werden.

Sollten die gesamten liquiden Mittel i. H. von 114 Mio. € zur Finanzierung herangezogen werden, droht dem Unternehmen ein erhebliches Liquiditätsproblem. Welcher Teil der liquiden Mittel zur Finanzierung der Investition herangezogen werden kann, müsste durch eine detaillierte Finanzplanung geprüft werden.

g) Bei der Kapitalerhöhung aus Gesellschaftsmitteln handelt es sich um eine Kapitalerhöhung ohne Geldmittelzufluss. Es werden freie Rücklagen in gezeichnetes Kapital umgewandelt. Insofern handelt es sich lediglich um einen Passivtausch. Die Altaktionäre haben Anspruch auf den Bezug von Gratisaktien (Berichtigungsaktien). Da sich die Anzahl der Aktien erhöht, wird der Kurswert der Aktien sinken. Dadurch kann eine breitere Streuung der Aktien erreicht werden.

LÖSUNG

## Lösung zu Fall 35      10 Punkte

a) **Ordentliche Kapitalerhöhung:**

− Normalform der Kapitalerhöhung

− konkreter Finanzierungsanlass

- Ausgabe junger Aktien

- Altaktionären steht Bezugsrecht zu

- Drei-Viertel-Mehrheitsbeschluss des bei der Abstimmung anwesenden Kapitals

- notarielle Beurkundung

- Anmeldung des Beschlusses zur Eintragung im Handelsregister

- Eintragung der Durchführung der Kapitalerhöhung im Handelsregister

**Genehmigtes Kapital:**

- kein aktueller Finanzierungsanlass

- Vorstand erhält die Genehmigung, die Kapitalerhöhung zu einem von ihm frei wählbaren Zeitpunkt durchzuführen; kann dadurch günstige Kapitalmarktsituation ausnutzen

- Genehmigung für längstens 5 Jahre

- auf maximal 50 % des bisherigen Grundkapitals beschränkt

- ansonsten siehe ordentliche Kapitalerhöhung

b)  B = (Ka - Kn) / (a:n +1)

B → rechnerischer Wert des Bezugsrechts;

Ka → Kurswert der Altaktien;

Kn → Kurswert der neuen (jungen) Aktien;

a:n → Bezugsverhältnis.

B = (58 - 43) / (2:1 +1)

B = 15 / 3 = 5,00 €

c)  **Bedeutung des Bezugsrechts:**

Altaktionär soll keine Stimmrechtsnachteile haben (i. d. R. pro Aktie eine Stimme; Stimmen verteilen sich auf eine größere Aktienanzahl);

Altaktionär soll keine Vermögensnachteile haben (durch Ausgabe neuer Aktien sinkt üblicherweise der Kurs der Altaktien)

LÖSUNG

## Lösung zu Fall 36                                          8 Punkte

a) **Zession:** Der Kreditnehmer (Zedent) tritt Forderungen an den Kreditgeber (Zessionar) ab (vgl. §§ 398 ff. BGB).

b) Der Vorteil der stillen Zession besteht darin, dass die Kunden der Abraham OHG nichts von der Forderungsabtretung erfahren. Somit sind Imageprobleme ausgeschlossen.

c) Bei der offenen Zession werden die Kunden über die Forderungsabtretung informiert. Sie können mit befreiender Wirkung nur noch an die Bank bezahlen. Die Bank erhält somit Informationen über die Zahlungsfähigkeit der Kunden. Die offene Zession ist für die Bank sicherer.

d) **Mantelzession:** Der Kreditnehmer verpflichtet sich laufend Forderungen in einer bestimmten Gesamthöhe abzutreten, wobei Rechungskopien und Debitorenlisten einzureichen sind, um die Höhe ermitteln zu können.

**Globalzession:** Abtretung der Forderungen eines genau bestimmten Kundenkreises (z. B. Kunden bestimmter Buchstabengruppen, Kunden in bestimmten Regionen, Kunden bestimmter Branchen).

LÖSUNG

## Lösung zu Fall 37                                                    5 Punkte

Es handelt sich um Außenfinanzierung in Form der Beteiligungsfinanzierung.

Es liegt eine atypisch stille Gesellschaft vor. Sie unterscheidet sich von der typisch stillen Gesellschaft dadurch, dass der stille Gesellschafter an den stillen Reserven des Unternehmens beteiligt ist und er im Innenverhältnis Leitungsfunktionen übernehmen kann. Ansonsten tritt der stille Gesellschafter, wie bei der typisch stillen Gesellschaft, nach außen hin nicht in Erscheinung.

LÖSUNG

## Lösung zu Fall 38                                                    8 Punkte

a) **Devisentermingeschäft:**

Die Maschinenbau AG verkauft die US-Dollar per Termin an eine Bank, sofort bei Entstehen der Forderung an den Kunden. Bei Abschluss des Termingeschäfts werden Betrag, Erfüllungszeitpunkt und Kurs bindend vereinbart. Die Maschinenbau AG hat dadurch eine feste Kalkulationsbasis, da sie weiß, wie viel € sie für die US-Dollar bekommt.

**Devisenoptionsgeschäft:**

Die Maschinenbau AG erwirbt durch den Kauf einer Devisenverkaufsoption das Recht, die US-Dollar zu einem festgelegten Basispreis zu verkaufen. Am Fälligkeitstermin der Forderung kann die Maschinebau AG entscheiden, ob sie die Option ausübt, d. h. die US-Dollar verkauft oder darauf verzichtet.

b) **AKA Ausfuhr-Kreditgesellschaft mbH:**

Spezialbank für die Exportfinanzierung mit Sitz in Frankfurt am Main. Ihre Aufgabe ist die Unterstützung der deutschen und europäischen Exportwirtschaft durch die Finanzierung von kurz-, mittel-, und langfristigen Exportgeschäften.

**AKA-Kredite:**

Es stehen verschiedene Kreditformen zur Verfügung. Diese sind eingeteilt in sog. Plafonds (Plafond A, C, D, E). Kredite aus dem Plafond A stehen speziell für die Refinanzierung von anfallenden Kosten während der Produktionszeit bzw. für Forderungen aus den vom Exporteur eingeräumten Zahlungszielen (Lieferantenkredit), mit mindestens 12-monatiger Laufzeit, zur Verfügung. Allerdings muss bei Krediten aus dem Planfond A der Kreditnehmer 10 % bis 20 % selbst finanzieren. Über die Plafonds C, D und E werden Bestellerkredite finanziert.

Für die Maschinenbau AG kommt somit der Plafond A in Frage. Vorteil: Verbesserung der Liquidität, da das Unternehmen die Produktion nicht vollständig selbst finanzieren und nicht auf den Zahlungseingang warten muss.

**LÖSUNG**

## Lösung zu Fall 39                                           **10 Punkte**

a) **Berechnung des Cashflows:**

|   | | |
|---|---|---:|
| | Jahresüberschuss | 16.200,00 T€ |
| + | Abschreibungen | 5.200,00 T€ |
| − | Verminderung der langfristigen Rückstellungen | 1.400,00 T€ |
| | Cashflow | 20.000,00 T€ |

b) **Nettokreditaufnahme:**

|   | | |
|---|---|---:|
| | Einzahlungen aus Aufnahme von Anleihen und Krediten | 2.500,00 T€ |
| − | Auszahlungen für Anleihen und Kredite | 400,00 T€ |
| | Nettokreditaufnahme | 2.100,00 T€ |

c) **Zahlungsmittelzufluss und Verwendung:**

| | |
|---|---:|
| Zahlungsmittelzufluss laut Kapitalflussrechnung | |
| Zahlungsmittelzufluss aus laufender Geschäftstätigkeit | 10.300,00 T€ |
| Einzahlung aus Sachanlagenabgang | 800,00 T€ |
| Einzahlung aus Abgang immaterielles Anlagevermögen | 500,00 T€ |
| Einzahlungen aus Eigenkapitalzuführung | 6.000,00 T€ |
| Netto-Kreditaufnahme | 2.100,00 T€ |
| Finanzierung insgesamt | 19.700,00 T€ |

**Verwendung der finanziellen Mittel:**

| | |
|---|---:|
| Investitionen in Sachanlagen | - 7.800,00 T€ |
| Investitionen in Finanzanlagen | - 700,00 T€ |
| Investitionen in Tochterunternehmen | - 8.000,00 T€ |
| Investitionen insgesamt | - 16.500,00 T€ |

| | |
|---|---|
| Auszahlung an Unternehmenseigner | - 1.000,00 T€ |
| Zunahme der liquiden Mittel | - 2.200,00 T€ |
| Verwendung insgesamt | - 19.700,00 T€ |

LÖSUNG

## Lösung zu Fall 40                                    10 Punkte

a) Ausgehend von der Bilanz ist **Liquidität die Eigenschaft von Vermögensteilen, als Zahlungsmittel verwendet oder in Zahlungsmittel umgewandelt zu werden.**

Wird davon ausgegangen, dass Illiquidität ein Insolvenzgrund ist (vgl. §§ 17, 18 InsO), ergibt sich die folgende Definition:

**Liquidität ist die Fähigkeit eines Unternehmens, seine Verbindlichkeiten fristgerecht und uneingeschränkt erfüllen zu können.**

b) Bei der Lösung ist zu beachten, dass die Aktivseite und die Passivseite einer Bilanz zahlenmäßig identisch sind. Demnach entspricht das Gesamtvermögen dem Gesamtkapital.

Lösungsschritt 1: Berechnung des Eigenkapitals (EK)

Die Formel für die Berechnung des Deckungsgrads I lautet:

$DI = EK / AV \cdot 100$

Durch Umstellung der Formel ergibt sich:

$EK = (120 \cdot 4.100) / 100 = 4.920$ T€

Lösungsschritt 2: Berechnung des Gesamtkapitals (GK)

Die EK-Quote gibt den prozentualen Anteil des EKs am GK an. Daraus ergibt sich:

$GK = 4.920 / 30 \cdot 100 = 16.400$ T€

Lösungsschritt 3: Berechnung der liquiden Mittel, der kurzfristigen Forderungen, der kurzfristigen Verbindlichkeiten und des Umlaufvermögens

| | | |
|---|---|---|
| liquide Mittel | = 5 % von 16.400 T€ | = 820 T€ |
| kurzfristige Forderungen | = 15 % von 16.400 T€ | = 2.460 T€ |
| kurzfristige Verbindlichkeiten | = 18 % von 16.400 T€ | = 2.952 T€ |
| Umlaufvermögen | = Gesamtvermögen - Anlagevermögen | |
| Umlaufvermögen | = 16.400 T€ - 4.100 T€ | = 12.300 T€ |

Lösungsschritt 4: Berechnung der Liquiditätsgrade

Liquidität I =    liquide Mittel / kurzfristige Verbindlichkeiten · 100

Liquidität I =    820 / 2.952 · 100 ~ 27,8 %

Liquidität II =    (liquide Mittel + kurzfristige Forderungen) / kurzfr. Verbindlichkeiten · 100

Liquidität II =    (820 + 2.460) / 2.952 · 100 ~ 111,1 %

Liquidität III =   Umlaufvermögen / kurzfristige Verbindlichkeiten · 100

Liquidität III =   12.300 / 2.952 · 100 ~ 416,7 %

c) Der Aussagewert der Kennzahlen ist aus folgenden Gründen eingeschränkt:

1. Die Fälligkeitszeitpunkte der kurzfristigen Forderungen und Verbindlichkeiten gehen aus der Bilanz nicht hervor.

2. Die Bilanz gibt keine Auskunft über das konkrete Ausfallrisiko, das mit den kurzfristigen Forderungen verbunden ist.

3. Die in der Bilanz ausgewiesenen kurzfristigen Forderungen und Verbindlichkeiten beinhalten nicht alle zu leistenden Ein- und Auszahlungen.

4. Eine Unterbewertung von Positionen des Umlaufvermögens führt zu schlechteren Liquiditätskennzahlen.

5. Inwieweit Vermögenspositionen mit fremden Rechten belegt sind, ist aus der Bilanz nicht zu ersehen (Eigentumsvorbehalt, Sicherheitsübereignung, Verpfändung, Abtretung).

6. Die Möglichkeiten des Betriebs zur Beschaffung oder Verlängerung kurzfristiger Kredite sind nicht erkennbar.

LÖSUNG

## Lösung zu Fall 41                      12 Punkte

a) Berichtsjahr: 3.000 T€

Vorjahr: 2.500 T€

Erhöhung in T€ = 3.000 - 2.500 = **500 T€**

Erhöhung in % = 100 / 2.500 · 500 = **20 %**

b) Die Selbstfinanzierung hat u. a. die folgenden Vorteile:

– Beschaffung der finanziellen Mittel verursacht keine Finanzierungskosten, wie Gebühren, Zinsen u. Ä.

– keine Liquiditätsbelastung durch Zins- und Tilgungszahlungen

– Sicherheiten müssen nicht gestellt werden

– Unternehmen ist bei der Verwendung der finanziellen Mittel nicht an Vorgaben der Kreditgeber gebunden

- Kreditfähigkeit wird durch die Erhöhung des Eigenkapitals verbessert

- Zinsgewinne sind durch Steuerverschiebungen möglich

- Herrschaftsverhältnisse ändern sich nicht

c) Stille Selbstfinanzierung wird ermöglicht durch

- Unterbewertung von Vermögensteilen (Aktiva), z. B.:

  - durch überhöhte Abschreibungen

  - durch das Niederstwertprinzip

- Überbewertung von Schulden (Passiva), z. B.:

  - durch den Ansatz überhöhter Rückstellungen

d) Stille Selbstfinanzierung kann sich in der vorliegenden Bilanz in folgenden Positionen befinden:

- Anlagevermögen

- Vorräte

- Rückstellungen

**LÖSUNG**

## Lösung zu Fall 42        10 Punkte

a) Bei der offenen Selbstfinanzierung wird der erwirtschaftete Gewinn in der Bilanz ausgewiesen und versteuert. Er verbleibt somit vollständig oder teilweise in der Unternehmung (Gewinnthesaurierung oder kurz: Thesaurierung). Der Gegenwert des einbehaltenen Gewinns findet sich auf der Aktivseite der Bilanz in unterschiedlichsten Posten. Die Möglichkeiten der Thesaurierung sind bei den verschiedenen Unternehmungsformen (Einzelunternehmung, OHG, KG KGaA, GmbH, AG) unterschiedlich.

b) Die Möglichkeiten der Selbstfinanzierung sind bei der **Aktiengesellschaft** am besten. Sie kann offene Selbstfinanzierung durch die Bildung von Gewinnrücklagen betreiben, wobei unterschieden wird zwischen:

1. Gesetzlichen Rücklagen

2. Rücklagen für eigene Anteile

3. Satzungsmäßige Rücklagen

4. Andere Gewinnrücklagen

(vgl. § 266 HGB)

**Rücklagen:**

Im Gegensatz zur Kapitalrücklage, die der AG von außen zugeführt wird (z. B. Agio bei der Ausgabe von Anteilen), werden Gewinnrücklagen aus dem Jahresüberschuss gebildet.

Nach § 150 AktG muss jede AG gesetzliche Rücklagen bilden. In diese gesetzliche Rücklage sind 5 % des Jahresüberschusses, der um einen Verlustvortrag des Vorjahres zu mindern ist, einzustellen. Diese Einstellung hat solange zu erfolgen, bis die Kapitalrücklage und die gesetzliche Rücklage zusammen 10 % des Grundkapitals erreichen, es sei denn, in der Satzung ist ein höherer Betrag vorgesehen.

Liegt der Betrag über 10 % des Grundkapitals (oder dem satzungsmäßig höheren Teil), darf er nach § 150 Abs. 4 AktG wie folgt verwendet werden:

1. zum Ausgleich eines Jahresfehlbetrags, soweit er nicht durch einen Gewinnvortrag aus dem Vorjahr gedeckt ist;

2. zum Ausgleich eines Verlustvortrags aus dem Vorjahr, soweit er nicht durch einen Jahresüberschuss gedeckt ist;

3. zur Kapitalerhöhung aus Gesellschaftsmitteln.

Für den Fall, dass der Betrag nicht über 10 % des Grundkapitals oder dem satzungsmäßig höheren Teil liegt, wird auf § 150 Abs. 3 AktG verwiesen.

---

**LÖSUNG**

## Lösung zu Fall 43                                 **10 Punkte**

| Ausgangsdaten: | € |
|---|---|
| Jahresüberschuss | 20.000.000,00 |
| Verlustvortrag | 8.000.000,00 |
| Gewinnvortrag | 0,00 |
| Grundkapital | 60.000.000,00 |
| gesetzliche Rücklage | 1.000.000,00 |
| Kapitalrücklage | 3.000.000,00 |
| andere Gewinnrücklagen | 500.000,00 |

### 1. Gesetzliche Rücklage (§ 150 AktG)

§ 150 AktG: „Jahresüberschuss ist um Verlustvortrag des Vorjahres zu mindern"

| | |
|---|---|
| Jahresüberschuss | 20.000.000,00 |
| - Verlustvortrag | 8.000.000,00 |
| Restbetrag | 12.000.000,00 |

§ 150 AktG: „5 % des Jahresüberschusses bis 10 % des Grundkapitals erreicht sind"

| | |
|---|---|
| 10 % des Grundkapitals = | 6.000.000,00 |
| bisher gebildete gesetzliche Rücklage | 1.000.000,00 |
| Kapitalrücklage | 3.000.000,00 |
| Rücklagen | 4.000.000,00 |

10 % des Grundkapitals sind noch nicht erreicht!

Es sind demnach noch einzustellen:

5 % von 12.000,00 € = **600.000,00**　　　　　　　　　　　　　gesetzliche Rückl.

### 2. Andere Gewinnrücklagen (§ 58 Abs. 2 AktG)

„Vorstand kann maximal 50 % einstellen"

| | |
|---|---:|
| Jahresüberschuss | 20.000.000,00 |
| - gesetzliche Rücklage | 600.000,00 |
| - Verlustvortrag | 8.000.000,00 |
| Restbetrag | 11.400.000,00 |
| davon 50 % = **5.700.000,00** | and. Gewinnrücklage |

### 3. Bilanzgewinn

| | |
|---|---:|
| Jahresüberschuss | 20.000.000,00 |
| - gesetzliche Rücklage | 600.000,00 |
| - andere Gewinnrücklage | 5.700.000,00 |
| + Gewinnvortrag | 0,00 |
| = **Bilanzgewinn** | **13.700.000,00** |

### 4. Gebildete offene Selbstfinanzierung

600.000 + 5.700.000 =　　　　　　　　　　　　　　　　　　　　**6.300.000 €**

LÖSUNG

## Lösung zu Fall 44　　　　　　　　　　　　　　　　　　**10 Punkte**

a) Alle Berechnungen 1 bis 4 beziehen sich auf die Maschine A

   **1. Berechnung der Anschaffungsauszahlung:**

      50 % des Kaufpreises in $t_0$ + Montage usw. in $t_0$ 50 % des Kaufpreises abgezinst auf $t_0$

      $A_0 = 160.000 + 10.000 + 160.000 \cdot AbF(t_1)$

      $AbF = 1 / q^n$

      $AbF = 1 / (1 + i)^1$

      $AbF = 1 / 1,1^1$

      $AbF = 0,90909091$

      $A_0 = 160.000 + 10.000 + 160.000 \cdot 0,90909091$

      $A_0 = 160.000 + 10.000 + 145.454,55$

      $A_0 = 315.454,55 €$

2. **Berechnung der Barwerte:**

Einnahmeüberschüsse auf $t_0$ abzinsen mit dem Diskontierungssummenfaktor (DSF)

$DSF = ((1 + i)^n - 1) / i(1+i)^n$

$i = p / 100 = 10 / 100 = 0,1$

$n = 8$

$DSF = ((1 + 0,1)^8 - 1) / (0,1(1 + 0,1)^8$

$DSF = 5,334926$

Barwert $= 150.000 \cdot 5,334926 = 800.238,90$ €

Barwert Liquidationserlös (Schrottwert)
$= 30.000 \cdot AbF(t_8)$
$= 30.000 \cdot 1 / (1 + i)^8$
$= 30.000 \cdot 0,466507$
$= 13.995,21$ €

Summe der Barwerte $= 800.238,90 + 13.995,21 = 814.234,11$ €

3. **Berechnung des Kapitalwerts ($C_0$):**

| | |
|---|---:|
| Barwerte: | 814.234,11 |
| - $A_0$ | 315.454,55 |
| **$C_0$** | **498.779,56** |

4. **Berechnung der Annuität:**

Annuität $= C0 \cdot$ Kapitalwiedergewinnungsfaktor (KWF)

$KWF = (i(1 + i)^n) / ((1 + i)^n - 1)$

$i = 0,1$

$n = 8$

$KWF = 0,187444$

Annuität $= 498.779,56 \cdot 0,18744$

**Annuität $= 93.491,24$ €**

b) Beide Investitionsalternativen sind vorteilhaft, da ihre Annuitäten positiv sind.

c) Das Unternehmen sollte sich für Maschine A entscheiden, da deren Annuität wesentlich höher ist, als die von Maschine B.

d) Da sich die Annuität durch Multiplikation von $C_0$ mit dem KWF ergibt, muss die Annuität durch den KWF geteilt werden, um $C_0$ zu erhalten (siehe oben 4.):

$C_{0B} = 25.000 / 0,18744 = $ **133.376,01 €**

e) Je höher der Kalkulationszinsfuß, desto niedriger (ggf. negativ) werden die Kapitalwerte und damit auch die Annuitäten. Dadurch können durchaus lohnende Investitionen unterbleiben.

## Lösung zu Fall 45                                                    17 Punkte

a) **Wahl des finanzmathematischen Faktors:** Es können sowohl der Aufzinsungsfaktor als auch der Abzinsungsfaktor gewählt werden. Wird der Aufzinsungsfaktor gewählt, ist der Überschuss durch den Faktor zu teilen: 100.000 / 1,12 = 982.142,86

Wird mit dem Abzinsungsfaktor gerechnet, dann ist der Überschuss mit dem Faktor zu multiplizieren: 100.000 · 0,892857143 = 982.142,86

**Best Case**: Auszahlungssteigerung um jährlich 5 %:

| Jahr | Einzahlungen (€) | Auszahlungen (€) | Überschuss (€) | Abzinsungs- faktor | Barwerte (€) |
|---|---|---|---|---|---|
| 1 | 3.000.000,00 | 1.900.000,00 | 1.100.000,00 | 0,892857 | 982.142,70 |
| 2 | 3.000.000,00 | 1.995.000,00 | 1.005.000,00 | 0,797194 | 801.179,97 |
| 3 | 3.000.000,00 | 2.094.750,00 | 905.250,00 | 0,711780 | 644.338,85 |
| 4 | 3.000.000,00 | 2.199.487,50 | 800.512,50 | 0,635518 | 508.740,10 |
| 5 | 3.000.000,00 | 2.309.461,88 | 690.538,13 | 0,567427 | 391.829,98 |
| 5 | – | 10.000,00 | - 10.000,00 | 0,567427 | - 5.674,27 |
| Summe der Barwerte: | | | | | 3.322.557,32 |
| - Anschaffungsauszahlungen | | Maschinen (3 · 450.000) | | | 1.350.000,00 |
| | | Fracht usw. | | | 25.000,00 |
| Kapitalwert $C_0$ | | | | | 1.947.557,32 |

<u>Ergebnis:</u> Der Kapitalwert ist positiv. Die Investitionsmaßnahme ist durchzuführen.

**Worst Case**: Auszahlungssteigerung um jährlich 20 %:

| Jahr | Einzahlungen (€) | Auszahlungen (€) | Überschuss (€) | Abzinsungs- faktor | Barwerte (€) |
|---|---|---|---|---|---|
| 1 | 3.000.000,00 | 1.900.000,00 | 1.100.000,00 | 0,892857 | 982.142,70 |
| 2 | 3.000.000,00 | 2.280.000,00 | 720.000,00 | 0,797194 | 573.979,68 |
| 3 | 3.000.000,00 | 2.736.000,00 | 264.000,00 | 0,711780 | 187.909,92 |
| 4 | 3.000.000,00 | 3.283.200,00 | - 283.200,00 | 0,635518 | - 179.978,70 |
| 5 | 3.000.000,00 | 3.939.840,00 | - 939.840,00 | 0,567427 | - 533.290,59 |
| 5 | – | 10.000,00 | - 10.000,00 | 0,567427 | - 5.674,27 |
| Summe der Barwerte: | | | | | 1.025.088,74 |
| - Anschaffungsauszahlungen | | Maschinen (3 · 450.000) | | | 1.350.000,00 |
| | | Fracht usw. | | | 25.000,00 |
| Kapitalwert $C_0$ | | | | | - 349.911,26 |

<u>Ergebnis:</u> Der Kapitalwert ist negativ. Die Investition ist nicht durchzuführen.

b) Die Mindestverzinsung (Kalkulationszinsfuß 12 %) sollte gesenkt werden. Ein geringerer Kalkulationszinsfuß führt zu einer Erhöhung der Barwerte. Um herauszufinden, welche tatsächliche Verzinsung erreicht wird, müsste die interne Zinsfußmethode angewandt werden (siehe Lösung zu Fall 19).

c) **Kritik hinsichtlich der Einzahlungen:**

Diese können geringer als angenommen sein, z. B. durch:

- Anlaufschwierigkeiten der Maschinen, der Produkteinführung usw.

- Produktionsausfälle

- Marktveränderungen

**Kritik hinsichtlich der Auszahlungen:**

Diese können höher als angenommen sein, z. B. durch:

- Kostensteigerungen (höhere Löhne usw.)

- unerwartete Reparaturkosten

- Umweltauflagen

**Generelle Probleme:**

- Der Kalkulationszinsfuß ist am allgemeinen Zinsniveau ausgerichtet. Dieses kann sich jedoch verändern (z. B. durch wirtschaftspolitische Maßnahmen).

- Der Planungshorizont ist begrenzt, was die Beurteilung langfristiger Investitionen erschwert bzw. kaum möglich macht.

LÖSUNG

# Lösung zu Fall 46                                                          12 Punkte

a) **Wahl des finanzmathematischen Faktors:**

Da bei dieser Aufgabe die Überschüsse gleich hoch sind, ist hier der Diskontierungssummenfaktor (DSF) für 3 Jahre anzuwenden. Der Liquidationserlös (L) von 2.000,00 € ist abzuzinsen (AbF).

Die Überschüsse ergeben sich aus den jährlichen Gesamterlösen (E) reduziert um die jährlichen Kosten (K). Die Gesamterlöse E bekommt man indem die Stückerlöse (e) mit der Menge multipliziert werden. Die Kosten sind die variablen Gesamtkosten und die Fixkosten ($K_f$). Die variablen Gesamtkosten erhält man durch Multiplikation der variablen Stückkosten ($k_v$) mit der Menge.

Wird die Absatzmenge mit x bezeichnet, ergibt sich für $C_0$:

$$C_0 = ((e \cdot x - k_v \cdot x - K_f) \cdot DSF + L \cdot AbF) - A_0$$

Somit ist $C_0$:

$C_0 = ((10 \cdot 10.000 - 5 \cdot 10.000 - 20.000) \cdot 2,486852 + 2.000 \cdot 0,751315) - 50.000$

$C_0 = 26.108,19\,€$

Ergebnis: Der Kapitalwert ist positiv und die Investition damit lohnend.

b) Der Stückdeckungsbeitrag ist e - a, also 10 - 5 = 5; reduziert um 10 % = 4,50 €.

Der Kapitalwert ist dann:

$C_0 = ((4,5 \cdot 10.000 - 20.000) \cdot 2,486852 + 2.000 \cdot 0,751315) - 50.000$

$C_0 = 13.673,93\,€$

Die Reduzierung ist dann:

$C_0 = 26.108,19 - 13.673,93 = 12.434,26\,€$

Ergebnis: Bei einer Verminderung des Stückdeckungsbeitrags um 10 % reduziert sich der Kapitalwert um 12.434,26 € oder 47,63 %.

**LÖSUNG**

## Lösung zu Fall 47      **17 Punkte**

a) **Berechnung des Cashflows:**

| | |
|---|---:|
| Jahresüberschuss | 590 T€ |
| + Abschreibungen | 60 T€ |
| + Erhöhung der langfr. Rückstellungen | 0 T€ |
| - Verminderung der langfr. Rückstellungen | 50 T€ |
| Cashflow | 600 T€ |

Ergebnis: Der Cashflow reicht zur Finanzierung der Investitionen nicht aus. Das Unternehmen hat einen Finanzierungsbedarf von 1.000 - 600 = 400 T€

b) Wie festgestellt, hat das Unternehmen einen Finanzierungsbedarf von 400 T€. Da das Disagio von der Kreditsumme abgezogen wird, muss der Kredit höher sein als 400 T€ nämlich: 400.000 € = 97 %, Kreditsumme = 100 % = 412.371,13 €.

Ergebnis: Das Bankdarlehen muss über 412.371,13 € lauten.

c) Eigenkapitalquote = EK / Gesamtkapital $\cdot$ 100 = 3.000 / 15.000 $\cdot$ 100 = 20 %

Verschuldungsgrad = FK / EK $\cdot$ 100 = 11.000 / 3.000 $\cdot$ 100 ~ 366,67 %

d) Durch die teilweise Fremdfinanzierung der Investition steigt das Fremdkapital um 400 T€, während das Eigenkapital unverändert bleibt. Dadurch würde der Verschuldungsgrad steigen und die Eigenkapitalquote sinken (das Disagio wird auf der Aktivseite ausgewiesen, vgl. § 250 Abs. 3 HGB).

e) EK-Rentabilität

$r_{EK}$ = JÜ / EK $\cdot$ 100 = 590 / 3.000 $\cdot$ 100 ~ 19,67 %

Gesamtkapitalrentabilität

$r_{GK}$ = (Jahresüberschuss + Fremdkapitalzinsen) / Gesamtkapital · 100

$r_{GK}$ = (590 + 80) / 15.000 · 100 ~ 4,47 %

f) Durch die Aufnahme weiteren Fremdkapitals würde die Eigenkapitalrentabilität sinken, da die Gesamtkapitalrentabilität niedriger ist als die Fremdkapitalzinsen (negativer Leverage-Effekt)

g) Durch das Disagio ist der Auszahlungsbetrag niedriger als der Rückzahlungsbetrag. Die Effektivverzinsung ist deshalb höher als der Nominalzinssatz.

h) Die Wertpapiere könnten als Effektenlombard genutzt werden. Die Wertpapiere werden dabei an die Bank verpfändet.

LÖSUNG

## Lösung zu Fall 48                                                 17 Punkte

a) **Lösungsweg:**
   - Berechnung der Einzahlungen aus Umsatzerlösen pro Monat,
   - Berechnung der Einzahlungen insgesamt (Umsatzerlöse + sonstige Einzahlungen pro Monat),
   - Berechnung der Summe der Auszahlungen pro Monat,
   - Berechnung von Überschuss/Fehlbetrag pro Monat,
   - Übernahme von Überschuss/Fehlbetrag in den nächsten Monat.

   Berechnung der Einzahlungen aus Umsatzerlösen:

   Einzahlungen im Juli:

   **600.150,00 €** aus Monat Mai (75 % von 800.200,00 €)

   Einzahlungen im August:
   **690.000,00 €** aus Monat Juni (75 % von 920.000,00 €)

   Einzahlungen im September:
   **607.500,00 €** aus Monat Juli (75 % von 810.000,00 €)

   Weitere Umsatzerlöse:

   Juli:
   25 % von 810.000 € - 2 % Skonto = 202.500 € - 4.050 € = **198.450,00 €**

   August:
   25 % von 660.000 € - 2 % Skonto = 165.000 € - 3.300 € = **161.700,00 €**

   September:
   25 % von 940.000 € - 2 % Skonto = 235.000 € - 4.700 € = **230.300,00 €**

Umsatzerlöse insgesamt:

Juli:
600.150 + 198.450 = **798.600,00 €**

August:
690.000 + 161.700 = **851.700,00 €**

September:
607.500 + 230.300 = **837.800,00 €**

| Finanzplan 3. Quartal in € | | | |
|---|---|---|---|
| | **Juli** | **August** | **September** |
| **Übertrag aus Vormonat** | 270.000,00 | 282.800,00 | 253.200,00 |
| geplante Einzahlungen | | | |
| Umsatzerlöse | 798.600,00 | 851.700,00 | 837.800,00 |
| Miete/Pacht | 40.200,00 | 40.200,00 | 40.200,00 |
| Abgang Vermögens-gegenstände | 60.000,00 | 0,00 | 0,00 |
| **Summe der Einzahlungen** | **898.800,00** | **891.900,00** | **878.000,00** |
| geplante Auszahlungen | | | |
| Fertigungsmaterial | 220.000,00 | 220.000,00 | 237.600,00 |
| Personalkosten | 410.000,00 | 430.500,00 | 430.500,00 |
| Steuern | 30.000,00 | 20.000,00 | 20.000,00 |
| Auszahlung bebaute Grundstücke | 16.000,00 | 21.000,00 | 0,00 |
| sonstige Auszahlungen | 30.000,00 | 30.000,00 | 30.000,00 |
| Auszahlungen für Investitionen | 180.000,00 | 200.000,00 | 0,00 |
| **Summe der Auszahlungen** | **886.000,00** | **921.500,00** | **718.100,00** |
| Überschuss (+)/Fehlbetrag (-) | 282.800,00 | 253.200,00 | 480.600,00 |

b) **Liquidität 1. Grades**

= (liquide Mittel · 100) / kurzfristiges Fremdkapital

= (812.500 · 100) / 1.250.000 = **65 %**

Die Klammersetzung ist nicht erforderlich. Sie dient der Verdeutlichung.

c) **Liquidität 2. Grades** (einzugsbedingte Liquidität)

= (liquide Mittel + Forderungen) · 100 / kurzfristiges Fremdkapital

Für die Berechnung fehlen somit die Forderungen.

**Liquidität 3. Grades** (umsatzbedingte Liquidität)

= (Umlaufvermögen · 100) / kurzfristiges Fremdkapital

Für die Berechnung fehlt somit das Umlaufvermögen.

d) Es handelt sich um eine **Stichtagsbetrachtung**. Die Berechnung der Liquiditätsgrade bezieht sich auf den Bilanzstichtag.

Wesentliche Zahlen gehen aus der Bilanz nicht hervor, die jedoch für die Liquidität bedeutsam sein können, wie z. B. Fälligkeiten der Forderungen und Verbindlichkeiten, Kreditzusagen, laufende Ausgaben für Personal, Steuern, Versicherungen etc.

Außerdem ist zu bedenken, dass die Bilanzen in der Praxis häufig erst einige Monate nach dem Abschlussstichtag aufgestellt werden. Auch aus diesem Grunde können Liquiditätsgrade nicht für die Sicherung der Liquidität herangezogen werden.

LÖSUNG

# Lösung zu Fall 49                                                      12 Punkte

a) Berechnung des Kapitalbedarfs für Anlage- und Umlaufvermögen

### 1. Kapitalbedarf Anlagevermögen

Es gilt:

|   | Anschaffungspreis |   |   |
|---|---|---|---|
| - | Anschaffungspreisminderungen |   |   |
| + | Anschaffungsnebenkosten |   |   |
| = | Anschaffungskosten |   |   |

|   | Anschaffungspreis |   | 15.000.000 € |
|---|---|---|---|
| - | Anschaffungspreisminderung: 5 % = |   | 750.000 € |
| + | Anschaffungsnebenkosten |   |   |
|   | Montage | 16.000 € |   |
|   | Versicherung | 7.500 € |   |
|   | Fracht | 4.000 € | 27.500 € |
| = | Anschaffungskosten |   | **14.277.500 €** |

Ergebnis: Der Kapitalbedarf für das Anlagevermögen beträgt 14.277.500 €.

### 2. Kapitalbedarf Umlaufvermögen:

Fertigungsmaterial

4 - 30 + 5 + 3 + 20 = 2 Tage · 60.000 = **120.000 €**

Materialgemeinkosten

10 + 4 + 5 + 3 + 20 = 42 Tage · (60.000 · 0,16) = **403.200 €**

Fertigungslöhne

5 + 3 + 20 = 28 Tage · 80.000 = **2.240.000 €**

Fertigungsgemeinkosten

4 + 5 + 3 + 20 = 32 Tage · (80.000 · 1,2) =**3.072.000 €**

Verwaltungs- und Vertriebsgemeinkosten

16 + 4 + 5 + 3 + 20 = 48 Tage

Sie werden von den Herstellungskosten der Produktion berechnet (vgl. Kalkulationsschema für die Zuschlagskalkulation).

| | Fertigungsmaterial |
|---|---|
| + | Materialgemeinkosten |
| = | Materialkosten (I) |
| | Fertigungslöhne |
| + | Fertigungsgemeinkosten |
| = | Fertigungskosten (II) |

I + II = Herstellungskosten der Produktion

| | | |
|---|---|---:|
| | Fertigungsmaterial | 60.000 € |
| + | 16 % Materialgemeinkosten | 9.600 € |
| = | Materialkosten (I) | 69.600 € |
| | Fertigungslöhne | 80.000 € |
| + | 120 % Fertigungsgemeinkosten | 96.000 € |
| = | Fertigungskosten (II) | 176.000 € |

I + II = Herstellungskosten der Produktion = 69.600 + 176.000 = 245.600 €

48 Tage · 245.600 € = **11.788.800 €**

Kapitalbedarf Umlaufvermögen:

= 120.000 € + 403.200 € + 2.240.000 € + 3.072.000 € + 788.800 €

= **17.624.000 €**

<u>Ergebnis:</u> Der Kapitalbedarf für das Umlaufvermögen beträgt 17.624.000 €.

Gesamtkapitalbedarf:

| | | |
|---|---|---|
| | Kapitalbedarf Anlagevermögen | 14.277.500 € |
| + | Kapitalbedarf Umlaufvermögen | 17.624.000 € |
| = | **Gesamtkapitalbedarf** | **31.901.500 €** |

b) Die vorhandenen finanziellen Mittel über insgesamt 20.000.000 € reichen nicht aus, da der Gesamtkapitalbedarf 31.901.500 € beträgt.

# III. Kosten- und Leistungsrechnung

LÖSUNG

## Lösung zu Fall 1                                    10 Punkte

| | Rechnungskreis I | | Rechnungskreis II | | | | | |
| | GuV-Rechnung | | neutrales Ergebnis | | | | Betriebsergebnis | |
| | | | Abgrenzung | | Kostenrechn. Korrekturen | | | |
| Konto | Aufw. T€ | Ertrag T€ | Aufw. T€ | Ertrag T€ | betriebli-che Aufw. T€ | verrechn. Kosten T€ | Kosten T€ | Leistungen T€ |
|---|---|---|---|---|---|---|---|---|
| 1 | 2 | 3 | 4 | 5 | 6 | 7 | 8 | 9 |
| Umsatzerlöse | | 3.400 | | | | | | 3.400 |
| Bestandsver. | | 400 | | | | | | 400 |
| akt. Eigenl. | | 100 | | | | | | 100 |
| Mieterträge | | 80 | | 80 | | | | |
| Ertr. Aufl. WB | | 25 | | 25 | | | | |
| Ertr. Abgang | | 30 | | 30 | | | | |
| Ertr. Rückst. | | 75 | | 75 | | | | |
| Zinserträge | | 55 | | 55 | | | | |
| Rohstoffaufw. | 800 | | | | | | 800 | |
| Hilfsstoffaufw. | 150 | | | | | | 150 | |
| Fremdinstandh. | 50 | | | | | | 50 | |
| Löhne | 1.000 | | | | | | 1.000 | |
| Gehälter | 750 | | | | | | 750 | |
| AG-Anteil SV | 350 | | | | | | 350 | |
| Abschreibung | 320 | | | | 320 | 200 | 200 | |
| Büromaterial | 20 | | | | | | 20 | |
| Versicherung | 70 | | | | | | 70 | |
| Verl. Abgang | 70 | | 70 | | | | | |
| Steuern | 100 | | | | | | 100 | |
| Zinsaufwend. | 40 | | | | 40 | 90 | 90 | |
| Summen I | 3.720 | 4.165 | 70 | 265 | 360 | 290 | 3.580 | 3.900 |
| Ergebnisse | 445 | | 195 | | | 70 | 320 | |
| Summen II | 4.165 | 4.165 | 265 | 265 | 360 | 360 | 3.900 | 3.900 |
| Gesamterg. | 445 | | | | | | | |
| neutrales Erg. | | | | | 125 | | | |
| Betriebsergeb. | | | | | | | | 320 |

LÖSUNG

## Lösung zu Fall 2 4 Punkte

| | | |
|---|---:|---|
| Anschaffungswert | | 105.000 € |
| Wiederbeschaffungswert | | 140.000 € |
| 30 % zeitabhängige Abschreibung | 42.000 € | = 5.250 €/Jahr |
| 70 % leistungsabh. Abschreibung | 98.000 € | = 0,245 €/km *) |
| Wiederbeschaffungswert | 140.000 € | |

$$*)\quad \frac{98.000 \text{ € Abschreibung}}{400.000 \text{ km Gesamtleistung}} = 0,245 \text{ €/km}$$

Abschreibung im 2. Nutzungsjahr:

| | |
|---|---:|
| zeitabhängig | 5.250 € |
| leistungsabhängig 0,245 € · 82.000 km = | 20.090 € |
| **kalkulatorische Abschreibung gesamt** | **25.340 €** |

LÖSUNG

## Lösung zu Fall 3 8 Punkte

Die kalkulatorischen Zinsen werden vom betriebsnotwendigen Kapital berechnet. Die Vorratsgrundstücke sind nicht betriebsnotwendig und werden deshalb nicht berücksichtigt. Als kalkulatorischer Zinssatz wird i. d. R. der sog. landesübliche oder banküblich Zinssatz für langfristige Kapitalanlagen verwendet, der oft um einen Risikozuschlag erhöht wird. Immer mehr Betriebe setzen statt des landesüblichen Zinssatzes den Kalkulationszinssatz der Investitionsrechnung ein.

a) **Ermittlung des betriebsnotwendigen Kapitals**

Ermittlung des betriebsnotwendigen Vermögens:

| | | |
|---|---|---:|
| Vermögen 31. 12. 01 | 814 T€ - 20 T€ | = 794 T€ |
| Vermögen 30. 6. 02 | 816 T€ - 20 T€ | = 796 T€ |
| Vermögen 31. 12. 02 | 830 T€ - 20 T€ | = 810 T€ |
| | | 2.400 T€ |
| Durchschnitt | | 800 T€ |

Ermittlung des Abzugskapitals (= zinsfreies Fremdkapital):

|  | Verb. aLL | erhalt. Anzahlungen |
|---|---|---|
| 31.12.01 | 148 T€ | 50 T€ |
| 30.6.02 | 150 T€ | 20 T€ |
| 31.12.02 | 152 T€ | 80 T€ |
| Summen | 450 T€ | 150 T€ |
|  |  | 450 T€ |
| zusammen |  | 600 T€ |
| Durchschnitt |  | 200 T€ |
| betriebsnotwendiges Vermögen |  | 800 T€ |
| - Abzugskapital |  | 200 T€ |
| **= betriebsnotwendiges Kapital** |  | 600 T€ |

b) 7 % kalkulatorische Zinsen von 600.000 € sind 42.000 € jährlich, bzw. 3.500 € monatlich.

c) Ergebnistabelle (zur Tabellengliederung siehe Fall 1)

| 1 | 2 | 3 | 4 | 5 | 6 | 7 | 8 | 9 |
|---|---|---|---|---|---|---|---|---|
| Zinsaufwend. | 3.000 | | | | 3.000 | 3.500 | 3.500 | |
| Summen I | 3.000 | 0 | | | 3.000 | 3.500 | 3.500 | 0 |
| Ergebnisse | | 3.000 | | | 500 | | | 3.500 |
| Summen II | 3.000 | 3.000 | | | 3.500 | 3.500 | 3.500 | 3.500 |
| Gesamterg. | - 3.000 | | | | | | | |
| neutrales Erg. | | | | + 500 | | | | |
| Betriebsergeb. | | | | | | | | - 3.500 |

LÖSUNG

## Lösung zu Fall 4                                          5 Punkte

Ergebnistabelle Januar (zur Tabellengliederung siehe Fall 1):

| 1 | 2 | 3 | 4 | 5 | 6 | 7 | 8 | 9 |
|---|---|---|---|---|---|---|---|---|
| verrechnetes Weihnachtsgeld verrechneter AG-Anteil. | | | | | | 70 / 14 | 70 / 14 | |
| Summen I | 0 | 0 | | | 0 | 84 | 84 | 0 |
| Ergebnisse | 0 | 0 | | | 84 | | | 84 |
| Summen II | 0 | 0 | | | 84 | 84 | 84 | 84 |
| Gesamterg. | 0 | | | | | | | |
| neutrales Erg. | | | | + 84 | | | | |
| Betriebsergeb. | | | | | | | | - 84 |

Ergebnistabelle November:

| 1 | 2 | 3 | 4 | 5 | 6 | 7 | 8 | 9 |
|---|---|---|---|---|---|---|---|---|
| gezahltes Weihnachtsg. | 835 | | | | 835 | | | |
| AG-Anteil zum gezahlten WG | 167 | | | | 167 | | | |
| verrechnetes Weihnachtsg. | | | | | | 70 | 70 | |
| AG-Anteil zum verrechn. WG | | | | | | 14 | 14 | |
| Summen I | 1.002 | 0 | | | 1.002 | 84 | 84 | 0 |
| Ergebnisse | | 1.002 | | | | 918 | | 84 |
| Summen II | 1.002 | 1.002 | | | 1.002 | 1.002 | 84 | 84 |
| Gesamterg. | - 1.002 | | | | | | | |
| neutrales Erg. | | | | | - 918 | | | |
| Betriebsergeb. | | | | | | | | - 84 |

Die Eintragungen in der Ergebnistabelle für den Monat Dezember entsprechen denen in der Ergebnistabelle für den Monat Januar.

LÖSUNG

## Lösung zu Fall 5                                            **15 Punkte**

zu a), c) und d):

Betriebsabrechnungsbogen einschließlich Ermittlung der Ist-Zuschlagssätze und der Über- und Unterdeckungen (in €):

| | gesamt | KST 10 | KST 20 | KST 30 | KST 40 |
|---|---|---|---|---|---|
| Hilfsstoffaufwendungen | 56.000 | 800 | 54.400 | 500 | 300 |
| Betriebsstoffaufwendungen | 9.000 | 600 | 8.100 | 150 | 150 |
| Hilfslöhne | 43.000 | 2.800 | 40.200 | 0 | 0 |
| Gehälter | 78.000 | 9.000 | 41.000 | 22.000 | 6.000 |
| Sozialaufwand | 48.500 | 2.000 | 42.500 | 2.500 | 1.500 |
| kalk. Abschreibungen | 117.000 | 6.000 | 85.000 | 11.000 | 15.000 |
| Mietaufwand | 15.000 | 3.000 | 10.000 | 1.200 | 800 |
| Büromaterial | 6.500 | 260 | 640 | 1.300 | 4.300 |
| Versicherungsprämien | 1.500 | 200 | 1.100 | 100 | 100 |
| Gebühren, Beiträge | 6.000 | 1.000 | 2.500 | 2.000 | 500 |
| Steuern | 8.000 | 800 | 1.600 | 4.800 | 800 |
| Summen | 388.500 | 26.460 | 287.040 | 45.550 | 29.450 |

| | gesamt | KST 10 | KST 20 | KST 30 | KST 40 |
|---|---|---|---|---|---|
| Fertigungsmaterial | 211.600 | 211.600 | | | |
| Fertigungslöhne | 158.000 | | 158.000 | | |
| Ist-Herstellkosten Umsatz | | | | 678.100 | 678.100 |
| Normal-Herstellkosten | | | | | |
| des Umsatzes | | | | 705.992 | 705.992 |
| Ist-Zuschlagssätze | | 12,5 | 181,67 | 6,72 | 4,34 |
| Norm.-Zuschlagss. | | 12,0 | 200,00 | 7,00 | 4,00 |
| verrechnete GK | 419.051 | 25.392 | 316.000 | 49.419 | 28.240 |
| Über-/Unterdeck. | + 30.551 | - 1.068 | + 28.960 | + 3.869 | - 1.210 |

**zu b) Ermittlung der Herstellkosten des Umsatzes:**

| | Istkosten €  | Istkosten % | Normal- kosten € | Normal- kosten % | Über-/ Unter- deckung € |
|---|---|---|---|---|---|
| Fertigungsmaterial | 211.600 | | 211.600 | | |
| Material-GK | 26.460 | 12,50 | 25.392 | 12 | - 1.068 |
| Materialkosten | 238.060 | | 236.992 | | |
| Fertigungslöhne | 158.000 | | 158.000 | | |
| Fertigungs-GK | 287.040 | 181,67 | 316.000 | 200 | 28.960 |
| Fertigungskosten | 445.040 | | 474.000 | | |
| Herstellkosten der | | | | | |
| Produktion | 683.100 | | 710.992 | | |
| - Bestandsmehr. | 10.000 | | 10.000 | | |
| + Bestandsmind. | 5.000 | | 5.000 | | |
| Herstellkosten des | | | | | |
| Umsatzes | 678.100 | | 705.992 | | |

**LÖSUNG**

## Lösung zu Fall 6                                                      17 Punkte

a) Kostenträgerzeitrechnung

| Kalkulationsschema | Istkosten | | Normalkosten | | | Abwei- chung € |
|---|---|---|---|---|---|---|
| | € | % | % | A | B | |
| Fertigungsmat. | 211.600 | | | 148.000 | 63.600 | |
| Material-GK | 26.460 | 12,50 | 12 | 17.760 | 7.632 | - 1.068 |
| Materialkosten | 238.060 | | | 165.760 | 71.232 | |

| Kalkulationsschema | Istkosten | | Normalkosten | | | Abwei- |
|---|---|---|---|---|---|---|
| | € | % | % | A | B | chung € |
| Fertigungslöhne | 158.000 | | | 104.000 | 54.000 | |
| Fertigungs-GK | 287.040 | 181,67 | 200 | 208.000 | 108.000 | + 28.960 |
| Fertigungskosten | 445.040 | | | 312.000 | 162.000 | |
| Herstellkosten der Produktion | 683.100 | | | 477.760 | 233.232 | |
| - Mehrbest. FE | - 10.000 | | | - 7.000 | - 3.000 | |
| + Minderbest. UE | + 5.000 | | | + 3.000 | + 2.000 | |
| Herstellkosten des Umsatzes | 678.100 | | | 473.760 | 232.232 | |
| Verwaltungs-GK | 45.550 | 6,72 | 7 | 33.163 | 16.256 | + 3.869 |
| Vertriebs-GK | 29.450 | 4,34 | 4 | 18.950 | 9.290 | - 1.210 |
| Selbstkosten | 753.100 | | | 525.873 | 257.778 | + 30.551 |
| Verkaufserlöse | 770.000 | | | 510.000 | 260.000 | |
| Umsatzergebnis | + 16.900 | | | - 15.873 | + 2.222 | |

| | |
|---|---|
| Umsatzergebnis aus Produkt A | - 15.873 € |
| Umsatzergebnis aus Produkt B | + 2.222 € |
| Überdeckung | + 30.551 € |
| Betriebsergebnis | + 16.900 € |

b) **Rechnerische Behandlung der Mehr- und Minderbestände**

Eine Bestandsmehrung bedeutet, dass mehr produziert als verkauft worden ist. Dieser Mehrbestand wird aktiviert. Eine Bestandsminderung bedeutet, dass mehr verkauft wurde als produziert. Lagerbestände wurden abgebaut. In den Umsatz der Abschlussperiode sind Leistungen der Vorperioden eingeflossen. In Vorperioden aktivierte Herstellkosten für unfertige und fertige Erzeugnisse wurden dem Lager entnommen.

Es wird unterstellt, dass die Verwaltungs-GK und die Vertriebs-GK durch die verkauften Erzeugnisse verursacht worden sind. Zuschlagsbasis für die Verwaltungs-GK und die Vertriebs-GK sind die Herstellkosten. Die Herstellkosten des Umsatzes werden ermittelt, indem von den Herstellkosten der Produktion die Mehrbestände − weil nicht umgesetzt − abgezogen und die Minderbestände − weil zusätzlich umgesetzt − hinzugerechnet werden.

c) **Informationen nach Produktgruppen**

Die Gewinn- und Verlustrechnung und auch die Ergebnistabelle zeigen zwar an, ob ein Gewinn oder ein Verlust erwirtschaftet worden ist. Sie zeigen jedoch nicht die Erfolgsquellen. Die Auftragsabrechnung (Kostenträgerstückrechnung) zeigt, mit welchem Erfolg der einzelne Auftrag von oft vielen tausend abgerechneten Aufträgen zum Gesamterfolg einer Abrechnungsperiode beigetragen hat. Sie eignet sich wegen der Menge der abgerechneten Aufträge jedoch nicht als Entscheidungshilfe. Die Kostenträgerzeitrechnung nach Produktgruppen zeigt dagegen, welche Produktgruppe in welchem Umfang zum Erfolg beigetragen hat.

Die Kostenträgerzeitrechnung nach Produkten (siehe oben) zeigt, dass Produkt B mehr zum Erfolg des Unternehmens beiträgt als Produkt A. Ein großer Anteil des negativen Ergebnisses bei Produkt A resultiert rein rechnerisch aus den verrechneten Fertigungsgemeinkosten.

Ferner ist erkennbar, dass der Lohnanteil in % vom Umsatz bei beiden Produkten gleich ist (A = 20,39 %, B = 20,76 %), während die Materialeinzelkosten vom Umsatz bei Produkt A ca. 29 %, bei Produkt B ca. 24 % ausmachen. Das bedeutet, dass tarifliche Lohnerhöhungen sich auf beide Produkte gleich auswirken, während Preiserhöhungen am Beschaffungsmarkt das anteilige Ergebnis aus Produkt A stärker beeinträchtigen werden als das Ergebnis aus Produkt B.

d) **Anpassung der Normalgemeinkostenzuschlagssätze**

Bei nur geringem Anteil der fixen Kosten an den gesamten Gemeinkosten können die Zuschlagssätze für Normalgemeinkosten beibehalten werden. Der Anteil der Fixkosten ist in den Industriebetrieben in den letzten Jahren jedoch ständig gestiegen. Bei steigendem Beschäftigungsgrad sinkt der Anteil der Fixkosten an den Gesamtkosten, bei rückläufigem Beschäftigungsgrad steigt der Anteil der Fixkosten an den Gesamtkosten. Deshalb müssen die Zuschlagssätze für die Normalgemeinkosten bei erheblichen Veränderungen des Beschäftigungsgrads angepasst werden.

Nach Möglichkeit sollte eine Anpassung im laufenden Geschäftsjahr jedoch vermieden werden, da sonst die Aussagekraft zur Kostenentwicklung beeinträchtigt werden kann.

LÖSUNG

## Lösung zu Fall 7                                          **2 Punkte**

| | |
|---|---:|
| Rechnungspreis (netto) | 800,00 € |
| - 5 % Rabatt | 40,00 € |
| Zieleinkaufspreis | 760,00 € |
| - 2 % Skonto | 15,20 € |
| Bareinkaufspreis | 744,80 € |
| + Bezugskosten | 25,20 € |
| Bezugspreis/Einstandspreis | 770,00 € |

LÖSUNG

## Lösung zu Fall 8         6 Punkte

a) **Ermittlung des Nettoverkaufspreises:**

| | |
|---|---:|
| Bezugspreis | 770,00 € |
| + 25 % Handlungskostenzuschlag | 192,50 € |
| Selbstkosten | 962,50 € |
| + 10 % Gewinn | 96,25 € |
| Barverkaufspreis | 1.058,75 € |
| + 3 % Skonto (i. H.) | 32,74 € |
| Zielverkaufspreis | 1.091,49 € |
| + 5 % Rabatt (i. H.) | 57,45 € |
| Nettoverkaufspreis | 1.148,94 € |

b) **Ermitteln der Handelsspanne:**

$$\text{Handelsspanne} = \frac{(1.148,94 - 770,00) \cdot 100}{1.148,94} = 32,98$$

c) **Ermitteln des Kalkulationszuschlags:**

$$\text{Kalkulationszuschlag} = \frac{(1.148,94 - 770,00) \cdot 100}{770,00} = 49,21$$

d) **Ermitteln des Kalkulationsfaktors:**

Kalkulationsfaktor ist der Kalkulationszuschlag (oder Kalkulationsaufschlag) bezogen auf den Bezugspreis = 1,4921.

770,00 · 1,4921 = 1.148,92 (bei 2 Ct. Rundungsdifferenz)

In der Praxis würde mit einem Kalkulationsfaktor von 1,5 gerechnet.

## Lösung zu Fall 9                                            10 Punkte

a) **Zuschlagskalkulation:**

| | | | |
|---|---|---|---|
| Nachkalkulation vom 8. 8. 02<br>Produkt: Spezialvorrichtung<br>Auftraggeber: Waggonbau GmbH, Nürnberg<br>Auftrags-Nr. 33 480 | | | |
| 1. | Fertigungsmaterial | | 20.500 € |
| 2. | Materialgemeinkosten | 20 % | 4.100 € |
| 3. | Materialkosten | | 24.600 € |
| 4. | Fertigungslöhne Schmiede | | 6.000 € |
| 5. | Fertigungsgemeinkosten Schmiede | 270 % | 16.200 € |
| 6. | Fertigungslöhne Dreherei | | 7.000 € |
| 7. | Fertigungsgemeinkosten Dreherei | 280 % | 19.600 € |
| 8. | Fertigungslöhne Schlosserei | | 4.000 € |
| 9. | Fertigungsgemeinkosten Schlosserei | 220 % | 8.800 € |
| 10. | Fertigungslöhne Montage | | 1.000 € |
| 11. | Fertigungsgemeinkosten Montage | 200 % | 2.000 € |
| 12. | Fertigungskosten | | 64.600 € |
| 13. | Sondereinzelkosten der Fertigung | | 800 € |
| 14. | Herstellkosten (=Zeilen 3 + 12 + 13) | | 90.000 € |
| 15. | Verwaltungsgemeinkosten | 10 % | 9.000 € |
| 16. | Vertriebsgemeinkosten | 20 % | 18.000 € |
| 17. | Sondereinzelkosten des Vertriebs | | 3.000 € |
| 18. | Selbstkosten | | 120.000 € |
| 19. | Umsatzerlös | | 125.000 € |
| 20. | Auftragsergebnis | | + 5.000 € |

b) **Definitionen:**

**Einzelkosten** sind die Kosten, die direkt (einzeln) auf einen bestimmten Auftrag verrechnet werden können, z. B. Fertigungsmaterial aufgrund von Materialentnahmescheinen oder Stücklisten, Fertigungslöhne aufgrund von Lohnscheinen oder Vorgangslisten.

**Sondereinzelkosten der Fertigung** sind Einzelkosten der Fertigung, die nur für bestimmte Aufträge anfallen. Dazu zählen auftragsabhängige Konstruktionsarbeiten, Lizenzgebühren (außerdem Modelle, Gesenke, Spezialwerkzeuge, Formen, Matrizen, Patrizen u. Ä.).

**Sondereinzelkosten des Vertriebs** sind Einzelkosten des Vertriebs, die nicht für alle Aufträge in gleichem Maße anfallen, z. B. Vertreterprovisionen, Ausgangsfrachten (außerdem Transportversicherung, Spezialverpackungen u. Ä.).

**Gemeinkosten** werden von mehreren oder allen Kostenträgern gemeinsam verursacht. Sie können den einzelnen Erzeugnissen oder Aufträgen nur als Zuschlag auf die Einzelkosten belastet werden. Eigentlich müssten sie Allgemeinkosten heißen, weil sie durch Produktion, Verwaltung oder Vertrieb allgemein verursacht worden sind.

LÖSUNG

## Lösung zu Fall 10                                    **2 Punkte**

**Ermittlung des Verkaufspreises:**

Herstellungskosten je Meter

$$\frac{300.000\ €}{200.000\ m} = 1,50\ €$$

Verwaltungs- und Vertriebskosten je Meter

$$\frac{40.000\ €}{200.000\ m} = 0,20\ €$$

| | |
|---|---:|
| Selbstkosten | = 1,70 € |
| + 10 % Gewinnzuschlag | = 0,17 € |
| Verkaufspreis für 1 m | = 1,87 € |

LÖSUNG

## Lösung zu Fall 11                                    **10 Punkte**

a) **Selbstkosten pro Vorrichtung der abgesetzten Menge**

$$\frac{200.000}{100} + \frac{60.000}{60} + \frac{20.000 + 40.000}{50} = 2.000 + 1.000 + 1.200 = \textbf{4.200 €}$$

b) **Herstellkosten pro Vorrichtung in der ersten Stufe**

$$\frac{200.000}{100} = \textbf{2.000 €}$$

c) **Herstellkosten der nicht verkauften Vorrichtungen**

$$\frac{200.000}{100} + \frac{60.000}{60} = 2.000 + 1.000 = \textbf{3.000 €/Stück}$$

d) **Wert der unfertigen und der fertigen Erzeugnisse am Lager**

| | | |
|---|---|---|
| unfertige Erzeugnisse | = (100 - 60) · 2.000 € | = **80.000 €** |
| fertige Erzeugnisse | = (60 - 50) · 3.000 € | = **30.000 €** |

e) **Einstufige, zweistufige und mehrstufige Divisionskalkulation**

Der Einsatz der **einstufigen Divisionskalkulation** ist nur dann sinnvoll, wenn nur eine Erzeugnisart hergestellt wird und wenn keine Bestandsveränderungen an unfertigen und fertigen Erzeugnissen auftreten können. Die einstufige Divisionskalkulation kommt als summarische und als differenzierende Divisionskalkulation vor. Bei der summarischen Divisionskalkulation werden die Selbstkosten einer Abrechnungsperiode durch die gefertigte Stückzahl dividiert. Bei der differenzierenden Divisionskalkulation werden nicht die gesamten Selbstkosten durch die Ausbringungsmenge geteilt, sondern die Kostengruppen, z. B. die Materialkosten, werden durch die Ausbringungsmenge dividiert.

Bei der **zweistufigen Divisionskalkulation** können Bestandsveränderungen an fertigen Erzeugnissen berücksichtigt werden. Sie setzt voraus, dass nur eine Erzeugnisart hergestellt wird und dass keine Bestandsveränderungen an unfertigen Erzeugnissen vorliegen.

Die zweistufige Divisionskalkulation dividiert nicht die Selbstkosten durch die Ausbringungsmenge, sondern spaltet die Selbstkosten auf in Herstellkosten, Verwaltungskosten und Vertriebskosten.

Die **mehrstufige Divisionskalkulation** berücksichtigt neben Bestandsveränderungen an fertigen Erzeugnissen auch Bestandsveränderungen an unfertigen Erzeugnissen. Einzige Voraussetzung ist, dass nur eine Erzeugnisart hergestellt wird.

LÖSUNG

## Lösung zu Fall 12                                          9 Punkte

a) Berechnung der Selbstkosten gesamt und je Stück

| | Stück | Fertigungsmaterial | | Äquiva-lenzziffer | Rech-nungsein-heit | Selbstkosten | |
|---|---|---|---|---|---|---|---|
| | | gesamt € | Stück € | | | gesamt € | Stück € |
| I | 1.000 | 10.000 | 10,00 | 1,0 | 1.000 | 90.000 | 90 |
| II | 2.000 | 30.000 | 15,00 | 1,5 | 3.000 | 270.000 | 135 |
| III | 1.000 | 20.000 | 20,00 | 2,0 | 2.000 | 180.000 | 180 |
| | 4.000 | 60.000 | | 4,5 | 6.000 | 540.000 | |

Äquivalenzziffer = Verhältnis der Kosten für Fertigungsmaterial je Stück

Rechnungseinheit = Stückzahl · Äquivalenzziffer

| Fertigungsmaterial gesamt | 60.000 € |
|---|---|
| Fertigungslöhne gesamt | 110.000 € |
| Gemeinkosten gesamt | 370.000 € |
| **Selbstkosten gesamt** | **540.000 €** |

b) **Berechnung des Bruttoverkaufspreises**

| Selbstkosten je Stück | 90,00 € |
|---|---|
| + 10 % Gewinn v. H. | 9,00 € |
| Barverkaufspreis | 99,00 € |
| + 3 % Kundenskonto i. H. | 3,06 € |
| Zielverkaufspreis | 102,06 € |
| + 20 % Wiederverkäuferrabatt i. H. | 25,52 € |
| Nettoverkaufspreis | 127,58 € |
| + 19 % Umsatzsteuer v. H. | 24,24 € |
| Bruttoverkaufspreis | 151,82 € |

LÖSUNG

## Lösung zu Fall 13                                                        **10 Punkte**

a) **Selbstkosten je Stück**

Materialkosten:

| Produkt | Stückzahl | Äquivalenz-ziffer | Rechnungs-einheit | Gesamtkosten € | Stückkosten € |
|---|---|---|---|---|---|
| I | 600 | 1,0 | 600 | 2.200 | 3,67 |
| II | 300 | 2,0 | 600 | 2.200 | 7,33 |
| III | 200 | 1,5 | 300 | 1.100 | 5,50 |
| gesamt | | | 1.500 | 5.500 | |

Lohnkosten:

| Produkt | Stückzahl | Äquivalenz-ziffer | Rechnungs-einheit | Gesamtkosten € | Stückkosten € |
|---|---|---|---|---|---|
| I | 600 | 1,5 | 900 | 3.600 | 6,00 |
| II | 300 | 1,0 | 300 | 1.200 | 4,00 |
| III | 200 | 1,8 | 360 | 1.440 | 7,20 |
| gesamt | | | 1.560 | 6.240 | |

Sonstige Kosten:

| Produkt | Stückzahl | Äquivalenz-ziffer | Rechnungs-einheit | Gesamtkosten € | Stückkosten € |
|---------|-----------|-------------------|-------------------|----------------|---------------|
| I | 600 | 1,2 | 720 | 2.160 | 3,60 |
| II | 300 | 1,5 | 450 | 1.350 | 4,50 |
| III | 200 | 1,0 | 200 | 600 | 3,00 |
| gesamt | | | 1.370 | 4.110 | |

Selbstkosten:

| Produkt | I | II | III |
|---------|---|----|----|
| Materialkosten | 3,67 € | 7,33 € | 5,50 € |
| Lohnkosten | 6,00 € | 4,00 € | 7,20 € |
| sonstige Kosten | 3,60 € | 4,50 € | 3,00 € |
| Selbstkosten | 13,27 € | 15,83 € | 15,70 € |

b) Nettoverkaufspreis je Stück:

| Produkt | I | II | III |
|---------|---|----|----|
| Selbstkosten | 13,27 € | 15,83 € | 15,70 € |
| + 12 % Gewinn | 1,59 € | 1,90 € | 1,88 € |
| Nettoverkaufspreis | 14,86 € | 17,73 € | 17,58 € |

c) Äquivalenzziffern zur unmittelbaren Errechnung der Selbstkosten:

| Produkt | Selbstkosten Stück | unmittelbare Äquivalenz-ziffer |
|---------|--------------------|--------------------------------|
| I | 13,27 € | 1,000 |
| II | 15,83 € | 1,193 |
| III | 15,70 € | 1,183 |

d) Die Äquivalenzziffern für die unmittelbare Errechnung der Selbstkosten können nur so lange angewandt werden, wie sich das Verhältnis der Kostenarten untereinander nicht oder zumindest nicht wesentlich verändert.

e) Die **einstufige Äquivalenzziffernkalkulation** setzt voraus, dass gleichartige Erzeugnisse hergestellt werden und keine Bestandsveränderungen an unfertigen und fertigen Erzeugnissen vorliegen. Sie kennt nur eine Reihe von Äquivalenzziffern. Ein eventuell unterschiedlicher Kostenanfall für die einzelnen Produktsorten nach Kostengruppen kann nicht berücksichtigt werden.

Die **mehrstufige Äquivalenzziffernkalkulation** ermöglicht die Berücksichtigung von Bestandsveränderungen bei unfertigen und bei fertigen Erzeugnissen. Bei der mehrstufigen Äquivalenzziffernkalkulation wird für jede Kostengruppe je eine Reihe von Äquivalenzziffern gebildet. Sie wird angewandt, wenn der unterschiedliche Kostenanfall nach Kostengruppen für die Produktsorten berücksichtigt werden soll.

## Lösung zu Fall 14 **5 Punkte**

a) Industriebetriebe, die nur ein einheitliches Produkt in Massen herstellen und bei denen keine Bestandsveränderungen vorkommen, können die Selbstkosten je Einheit durch die einstufige Divisionskalkulation ermitteln. Die Einteilung der Kosten in Einzelkosten und Gemeinkosten und die aufwendige Verteilung der Gemeinkosten auf Kostenstellen können entfallen. Die einstufige Divisionskalkulation ist typisch für Wasserwerke, E-Werke, Betriebe, die Fertigbeton herstellen u. Ä.

b) Die mehrstufige Divisionskalkulation ist für solche Betriebe geeignet, die unfertige Erzeugnisse einlagern oder Produkte auf unterschiedlichen Fertigungsstufen verkaufen.

c) Die Äquivalenzziffernkalkulation ist eine Sonderform der Divisionskalkulation. Sie wird in Betrieben mit Massenfertigung nicht einheitlicher, aber ähnlicher Produkte (Sortenfertigung) angewandt. Beispiele: verschiedene Biersorten, Ziegel und Fliesen unterschiedlicher Größe und Brennung, Bleche unterschiedlicher Walzstärke, Drähte, Garne, Spanplatten und Zigaretten.

d) Betriebe mit Einzel- und Serienfertigung, die unterschiedliche Produkte in unterschiedlichen Produktionsläufen herstellen, wenden das Verfahren der Zuschlagskalkulation an. Die Einzelkosten werden aufgrund von Lohnscheinen, Entnahmescheinen, Stücklisten oder sonstigen Auftragspapieren ermittelt. Die Gemeinkosten werden prozentual auf die Wertansätze der Einzelkosten verrechnet.

## Lösung zu Fall 15 **6 Punkte**

a) Herstellkosten je Einheit der Produkte:

| Produkt | Menge kg | Erlös gesamt € | Kosten der Kuppel-produktion € | Weiterverarb. Kosten ge-samt € | Herstellkos-ten je Ein-heit € | Erlös je Einheit € |
|---|---|---|---|---|---|---|
| Hauptpr. | 10.000 | 800.000 | | | 65,00 | 80,00 |
| NP X | 4.000 | 240.000 | | 210.000 | | 60,00 |
| NP Y | 2.000 | 90.000 | | 60.000 | | 45,00 |
| | | | 980.000 | | | |

Gesamtkosten der Kuppelproduktion 980.000 €

- Erlöse Nebenprodukt X 240.000 - 210.000 = 30.000

- Erlöse Nebenprodukt Y 90.000 - 60.000 = 30.000 - 60.000 €

= Herstellkosten des Hauptprodukts 920.000 €

**Herstellkosten je Einheit des Hauptprodukts** **92 €**

b) Kuppelprodukte sind Erzeugnisse, die aufgrund der technischen Verhältnisse gemeinsam hergestellt werden.

c) Roheisen, Schlacke und Gas bei der Erzeugung von Roheisen; Koks, Teer, Gas und Benzol in der Kokerei.

d) Die Restwertmethode wird bei der Kalkulation von Kuppelprodukten dann angewandt, wenn neben einem Haupterzeugnis ein oder mehrere Nebenerzeugnisse hergestellt werden.

Die Erlöse aus dem Verkauf der Nebenprodukte werden von den Gesamtkosten der Kuppelproduktion abgezogen. Eventuell notwendige Weiterverarbeitungskosten der Nebenerzeugnisse mindern deren Erlöse. Die Restwertrechnung ist anzuwenden, wenn der Wert der Nebenerzeugnisse im Verhältnis zum Wert des Haupterzeugnisses sehr niedrig ist.

LÖSUNG

## Lösung zu Fall 16　　　　　　　　　　　　　　　　　　　　6 Punkte

a) Selbstkosten je Einheit

| Produkt | Menge | Markt-preis € | Äquivalenz-ziffer | Rechnungs-einheiten | Gesamt-kosten € | Stück-kosten € |
|---|---|---|---|---|---|---|
| A | 18.000 | 90,00 | 1,0 | 18.000 | 1.260.000 | 70,00 |
| B | 24.000 | 72,00 | 0,8 | 19.200 | 1.344.000 | 56,00 |
| C | 25.600 | 45,00 | 0,5 | 12.800 | 896.000 | 35,00 |
|  |  |  |  | 50.000 | 3.500.000 |  |

b) Die Verteilungsrechnung wird angewendet, wenn in einem verbundenen Produktionsprozess mehrere Haupterzeugnisse hergestellt werden.

Die Gesamtkosten werden dann mithilfe von Äquivalenzziffern auf die Erzeugnisse verteilt.

c) Bei der Kuppelkalkulation in Form der Verteilungsrechnung kann die Verteilung der Gesamtkosten aufgrund von Marktpreisen, aufgrund von Verrechnungspreisen oder aufgrund technischer Maßstäbe (Schlüsselmethode) erfolgen. Alle drei Methoden sind nicht vollkommen.

Nachteil der Marktpreismethode: Bei Schwankungen der Marktpreise schwanken auch die Kostenrelationen.

Nachteil der Verrechnungspreise: Die Preise sind zwar für längere Zeit festgelegt, lösen aber letztlich auch nicht das Problem der Auswirkung auf die Kostenrelationen.

Nachteil der Schlüsselmethode: Die Aussagefähigkeit ist gering, weil die Maßstäbe, z. B. Wärmeeinheiten, weder kosten- noch nutzenorientiert sind.

LÖSUNG

## Lösung zu Fall 17                                    15 Punkte

a) Ermittlung der Jahreslaufzeit der Maschinen

| | |
|---|---:|
| Arbeitsstunden jährlich | 2.002 Stunden |
| - Ausfallstunden jährlich | 602 Stunden |
| Maschinenlaufzeit jährlich | 1.400 Stunden |

b) Errechnung der Maschinenstundensätze

| Kostenart | Rechenformel | A | B | C |
|---|---|---|---|---|
| kalkulatorische Abschreibung | $\dfrac{\text{Wiederbeschaffungswert}}{\text{Nutzungsdauer} \cdot \text{Laufzeit/Jahr}}$ | 8,57 | 7,14 | 5,71 |
| kalkulatorische Zinsen | $\dfrac{0,5 \cdot \text{Wiederbeschaffungswert} \cdot 9}{100 \cdot \text{Laufzeit/Jahr}}$ | 3,86 | 3,21 | 2,57 |
| Instandhaltungskosten | $\dfrac{\text{Wiederbe.Wert} \cdot \text{Instandh.Faktor}}{\text{Nutzungsdauer} \cdot \text{Laufzeit/Jahr}}$ | 3,86 | 2,86 | 2,86 |
| Raumkosten | $\dfrac{\text{qm} \cdot \text{Jahresmiete}}{\text{Laufzeit/Jahr}}$ | 5,14 | 4,29 | 3,86 |
| Energiekosten | | 3,50 | 3,50 | 3,50 |
| Werkzeugkosten | | 3,00 | 2,80 | 2,00 |
| Gemeinkostenmaterial | | 0,60 | 0,50 | 0,40 |
| Lohnkosten | | 30,00 | 30,00 | 30,00 |
| **Maschinenstundensatz** | | **58,53** | **54,30** | **50,90** |

c) Kalkulation der Selbstkosten und des Auftragsergebnisses

| | |
|---|---:|
| Materialeinzelkosten | 6.000,00 € |
| 15 % Materialgemeinkosten | 900,00 € |
| Fertigungslöhne (Kostenstelle) | 350,00 € |
| 110 % Fertigungsgemeinkosten (Kostenstelle) | 385,00 € |
| 5 Std. Maschinenlaufzeit A · 58,53 € | 292,65 € |
| 4 Std. Maschinenlaufzeit B · 54,30 € | 217,20 € |
| 3 Std. Maschinenlaufzeit C · 50,90 € | 152,70 € |
| **Herstellkosten I** | **8.297,55 €** |
| Sondereinzelkosten der Fertigung (Konstruktion) | 530,00 € |

| Herstellkosten II | 8.827,55 € |
|---|---|
| 15 % Verwaltungsgemeinkosten | 1.324,13 € |
| 20 % Vertriebsgemeinkosten | 1.765,51 € |
| **Selbstkosten** | **11.917,19 €** |
| Nettoverkaufspreis | 12.500,00 € |
| **Auftragsergebnis (4,7 % vom Umsatz)** | **+ 582,81 €** |

LÖSUNG

## Lösung zu Fall 18                                    7,5 Punkte

a) **Ermittlung des Einstandspreises**

| Einkaufspreis | 1.000,00 € |
|---|---|
| - 5,0 % Rabatt | 50,00 € |
| Zieleinkaufspreis | 950,00 € |
| - 2,0 % Skonto | 19,00 € |
| Bareinkaufspreis | 931,00 € |
| + Bezugskosten | 9,00 € |
| **Einstandspreis/Bezugspreis** | **940,00 €** |

b) **Ermittlung der Selbstkosten und des Bruttoverkaufspreises**

| Einstandspreis/Bezugspreis | 940,00 € |
|---|---|
| + 30,0 % Handlungskostenzuschlag | 282,00 € |
| Selbstkosten | 1.222,00 € |
| + 10 % Gewinnzuschlag | 122,20 € |
| Barverkaufspreis | 1.344,20 € |
| + 3,0 % Skonti (i. H.) | 41,57 € |
| Zielverkaufspreis vor Vertriebsprovision | 1.385,77 € |
| + 2,5 % Vertriebsprovision (i. H.) | 35,53 € |
| Zielverkaufspreis nach Vertriebsprovision | 1.421,30 € |
| + 5,0 % Rabatt (i. H.) | 74,81 € |
| Nettoverkaufspreis | 1.496,11 € |
| + 19,0 % USt. | 284,26 € |
| **Bruttoverkaufspreis** | **1.780,37 €** |

c) **Ermittlung des Bezugspreises unter Verwendung der Handelsspanne**

$$\text{Handelsspanne} = \frac{(\text{Nettoverkaufspreis} - \text{Bezugspreis}) \cdot 100}{\text{Nettoverkaufspreis}}$$

$$\frac{(1.496,11 - 940,00) \cdot 100}{1.496,11} = 37,17\%$$

| | |
|---|---:|
| Nettoverkaufspreis | 1.000,00 € |
| - 37,17 % Handelsspanne | 371,70 € |
| **Bezugspreis** | **628,30 €** |

d) **Ermittlung des Nettoverkaufspreises unter Verwendung des Kalkulationszuschlags**

$$\text{Kalkulationszuschlag} = \frac{(\text{Nettoverkaufspreis} - \text{Bezugspreis}) \cdot 100}{\text{Bezugspreis}}$$

$$\frac{(1.496,11 - 940,00) \cdot 100}{940,00} = 59,16\%$$

| | |
|---|---:|
| Bezugspreis | 900,00 € |
| 59,16 % Kalkulationszuschlag | 532,44 € |
| **Nettoverkaufspreis** | **1.432,44 €** |

## Lösung zu Fall 19          10 Punkte

a) **Variable und fixe Gesamtkosten und Stückkosten**

| | | |
|---|---|---:|
| Gesamtkosten bei | 6.000 Stück | = 840.000 € |
| Gesamtkosten bei | 5.000 Stück | = 750.000 € |
| Kostenänderung | 1.000 Stück | = 90.000 € |

$$\frac{90.000 \, €}{1.000 \, \text{Stück}} = 90,00 \, € \text{ variable Kosten/Stück}$$

| | | |
|---|---|---:|
| Gesamtkosten im Juni | | 750.000 € |
| variable Kosten | = 90,00 € · 5.000 Stück | 450.000 € |
| fixe Kosten | | 300.000 € |
| fixe Kosten je Stück | 300.000 € / 5.000 Stück | 60 € |

b) **Gewinn und Deckungsbeitrag im Mai und im Juni**

|  | Mai | | | Juni | | |
|---|---|---|---|---|---|---|
|  | Menge | € | gesamt € | Menge | € | gesamt € |
| Erlös | 6.000 | 160,00 | 960.000 | 5.000 | 160,00 | 800.000 |
| var. Kosten | 6.000 | 90,00 | 540.000 | 5.000 | 90,00 | 450.000 |
| Deckungsb. | 6.000 | 70,00 | 420.000 | 5.000 | 70,00 | 350.000 |
| fixe Kosten | 6.000 | 50,00 | 300.000 | 5.000 | 60,00 | 300.000 |
| Gewinn | 6.000 | 20,00 | 120.000 | 5.000 | 10,00 | 50.000 |

Die Gewinnveränderung von 20 € je Einheit im Mai auf 10 € je Einheit im Juni resultiert aus der geringeren Kapazitätsauslastung im Mai. Die fixen Kosten (Bereitschaftskosten) müssen mit 60 € je Einheit gegenüber 50 € je Einheit im Mai auf weniger produzierte Einheiten verteilt werden. Der Kostenrechner spricht vom „Degressionseffekt" der fixen Kosten.

c) **Nettoverkaufspreis je Stück bei langfristiger Betrachtung**

Langfristig müssen alle Kosten, d. h. die Vollkosten, gedeckt werden. Auf der Basis der Auslastung im Monat Juni müssen die Vollkosten von 150 € (= 90 € variable Kosten plus 60 € fixe Kosten je Einheit) durch den Erlös gedeckt sein. Der Nettoverkaufspreis muss daher mindestens 150 € betragen.

d) **Möglicher Absatzrückgang**

Der Absatz darf bis zur Gewinnschwelle (Break-Even-Point, Kostendeckungspunkt, kritischer Punkt, kritische Absatzmenge) zurückgehen, ohne dass es zu einem Verlust kommt. Der Break-Even-Point ist der Punkt, an dem sämtliche variablen und fixen Kosten über die Umsatzerlöse gedeckt sind.

Jede Einheit, die unter der Absatzmenge im Break-Even-Point, d. h. der Gewinnschwelle, liegt, führt zu einem Verlust. Jede Einheit, die über die Menge im Break-Even-Point hinaus verkauft wird, führt zu einem zusätzlichen Gewinn.

$160x = 300.000 + 90x$

$70x = 300.000$

$x = 4.285,7$

4.286 Einheiten müssen verkauft werden, wenn die Verkaufserlöse sämtliche fixen und variablen Kosten decken sollen.

Probe:

| | | |
|---|---|---|
| Erlöse | 4.285,7 Einheiten · 160 € = | 685.712 € |
| - variable Kosten | 4.285,7 Einheiten · 90 € = | - 385.712 € |
| - fixe Kosten | | - 300.000 € |
| | | 0 € |

e) **Mindestpreis bei Zusatzaufträgen**

Die zusätzlichen Aufträge aus osteuropäischen Ländern müssen mindestens die variablen Kosten von 90 € je Einheit decken. Jeder €, der über diese kurzfristige Preisuntergrenze hinaus erzielt werden kann, führt zu einem zusätzlichen Gewinn.

f) **Grundbedingungen für die Annahme von Zusatzaufträgen**

Drei Grundbedingungen müssen erfüllt sein:

- Die Zusatzaufträge müssen mit der vorhandenen Kapazität ausgeführt werden können, d. h. sie dürfen keine zusätzlichen Fixkosten verursachen.

- Der Verkaufserlös je verkaufter Einheit muss mindestens die variablen Kosten decken.

- Die Annahme von Zusatzaufträgen darf nicht zu einer Reduzierung der Umsatzerlöse in den bisherigen Märkten führen.

LÖSUNG

## Lösung zu Fall 20                                                             **7 Punkte**

a) **Berechnung der Break-Even-Menge**

| | |
|---|---:|
| Erlös je Einheit | 1.058,00 € |
| - variable Kosten | 558,00 € |
| = Deckungsbeitrag je Einheit | 500,00 € |

$$\text{Break-Even-Menge} = \frac{600.000 \text{ € fixe Kosten}}{500 \text{ € Deckungsbeitrag/Einheit}} = \textbf{1.200 Einh.}$$

b) **Betriebsgewinn und Stückgewinn bei derzeitiger Auslastung**

Menge = maximale Kapazität · derzeitige Auslastung

= 2.000 Stück · 88 % = 1.760 Einheiten

| | | |
|---|---|---:|
| Erlös | = 1.760 Einheiten · 1.058 € | = 1.862.080 € |
| - variable Kosten | = 1.760 Einheiten · 558 € | = 982.080 € |
| Deckungsbeitrag | | 880.000 € |
| - fixe Kosten | | 600.000 € |
| Betriebsgewinn | | 280.000 € |
| **Stückgewinn** | | **159,09 €** |

c) **Kurzfristige und langfristige Preisuntergrenze**

**Kurzfristig** entspricht die **Preisuntergrenze** den variablen Stückkosten von **558 €/Einheit**. Langfristig müssen alle Kosten gedeckt sein. Dabei ist die Auslastung der Kapazität zu berücksichtigen.

durchschnittliche Auslastung = 2.000 Einheiten · 80 % = 1.600 Einheiten

| | |
|---|---:|
| Fixkosten je Einheit = 600.000 € / 1.600 | = 375 € |
| + variable Kosten je Einheit | 558 € |
| **= langfristige Preisuntergrenze** | **933 €** |

LÖSUNG

## Lösung zu Fall 21                                      16 Punkte

a) **Optimale Produktionsreihenfolge**

Absoluter Deckungsbeitrag in €/Stück:

| | A | B | C |
|---|---:|---:|---:|
| Preis je Stück | 5,00 € | 6,00 € | 4,00 € |
| variable Kosten je Stück | 4,00 € | 4,40 € | 3,20 € |
| absoluter DB je Stück | 1,00 € | 1,60 € | 0,80 € |

Relativer Deckungsbeitrag in €/Minute:

$$\text{relativer Deckungsbeitrag} = \frac{\text{absoluter Deckungsbeitrag}}{\text{Engpass in Minuten}}$$

$$A = \frac{1,00 €}{20 \text{ Min.}} = 0,05 €/\text{Min.}$$

$$B = \frac{1,60 €}{40 \text{ Min.}} = 0,04 €/\text{Min.}$$

$$C = \frac{0,80 €}{10 \text{ Min.}} = 0,08 €/\text{Min.}$$

| Produkt | absoluter Deckungsbeitrag | relativer Deckungsbeitrag | optimale Produktreihenfolge |
|---|---|---|---|
| A | 1,00 € | 0,05 €/Min. | 2 |
| B | 1,60 € | 0,04 €/Min. | 3 |
| C | 0,80 € | 0,08 €/Min. | 1 |

Gesamtertrag bei optimaler Produktionsreihenfolge:

| Produkt | maximale Absatzmenge | Engpassinanspruchnahme | Gesamtzeit |
|---|---|---|---|
| A | 400 Stück | 20 Min. | 8.000 Min. |
| B | 100 Stück | 40 Min. | 4.000 Min. |
| C | 300 Stück | 10 Min. | 3.000 Min. |
| | | | 15.000 Min. 250 Std. |

Optimales Betriebsergebnis:

| Produkt | Absatzmenge Stück | Min. Stück | Min. gesamt | Umsatz gesamt € | variable Kosten € | DB € |
|---|---|---|---|---|---|---|
| 1 | 2 | 3 | 4 | 5 | 6 | 7 |
| Spalte | | | 2 · 3 | 2 · Stückpreis | 2 · var. Kosten/Stück | 5 - 6 |
| C | 300 | 10 | 3.000 | 1.200 | 960 | 240 |
| A | 400 | 20 | 8.000 | 2.000 | 1.600 | 400 |
| B | 25 | 40 | 1.000 | 150 | 110 | 40 |

| | |
|---|---|
| Deckungsbeitrag gesamt (12.000 Min. = 200 Std.) | 680 |
| - Fixkosten | 900 |
| Betriebsergebnis | - 220 |

Ermittlung der Absatzmenge von Produkt B:

| | | |
|---|---|---|
| 200 Std. | | = 12.000 Min. |
| Minuten gesamt C | = 3.000 Min. | |
| Minuten gesamt A | = 8.000 Min. | 11.000 Min. |
| übrige Zeit für B | | 1.000 Min. |

1.000 Min. / 40 Min. je Stück = 25 Stück

b) **Veränderung der Produktreihenfolge**

|  | D |
|---|---|
| Preis je Stück | 5,00 € |
| variable Kosten je Stück | 2,00 € |
| absoluter DB je Stück | 3,00 € |

$$\text{relativer Deckungsbeitrag D} = \frac{3,00\ \text{€}}{15\ \text{Min.}} = 0,20\ \text{€/Min.}$$

Das Produkt D weist jetzt den höchsten relativen Deckungsbeitrag aus. Die neue Produktreihenfolge ist D, C, A, B.

| Produkt | Absatzmenge Stück | Min. Stück | Min. gesamt | Umsatz gesamt € | variable Kosten € | DB € |
|---|---|---|---|---|---|---|
| 1 | 2 | 3 | 4 | 5 | 6 | 7 |
| D | 200 | 15 | 3.000 | 1.000 | 400 | 600 |
| C | 300 | 10 | 3.000 | 1.200 | 960 | 240 |
| A | 300 | 20 | 6.000 | 1.500 | 1.200 | 300 |
| B | 0 | 20 | 0 | 0 | 0 |  |

| Deckungsbeitrag gesamt | 1.140 |
|---|---|
| - Fixkosten | 900 |
| Betriebsergebnis | + 240 |

Mit Produkt D wird ein zusätzlicher Deckungsbeitrag von 600 € erwirtschaftet. Produkt B, das bisher mit nur 40 € zum Gesamtdeckungsbeitrag beigetragen hat, wird aus dem Fertigungsprogramm herausgenommen.

Das neu gestaltete Sortiment führt zu einem positiven Betriebsergebnis.

c) **Begriff des Deckungsbeitrags**

Die Gesamtkosten eines Produkts setzen sich aus den variablen Kosten und den fixen Kosten zusammen. Die variablen Kosten sind die durch die Fertigung des einzelnen Stücks zusätzlich angefallenen Kosten. Sie verändern sich mit dem Umfang der gefertigten Stückzahl. Die fixen Kosten fallen unabhängig von der gefertigten Stückzahl an. Sie werden durch die Betriebsbereitschaft verursacht. Der Betrag, um den der Stückpreis die variablen Kosten je Stück übersteigt, ist der Deckungsbeitrag (Deckungsbeitrag = Stückpreis - variable Kosten). Der Deckungsbeitrag je Stück trägt zur Deckung des Fixkostenblocks bei.

Die **Vollkostenrechnung** verrechnet sämtliche Kosten unabhängig vom Beschäftigungsgrad auf die Produkte. Fragwürdige Schlüssel führen nicht immer zu einer verursachungsgerechten Zurechnung der Gemeinkosten. Die Bezugsgrößen sind mehr oder weniger willkürlich.

Mit steigendem Beschäftigungsgrad sinken zusätzlich die anteilig auf die Kostenträger zu verrechnenden Fixkosten. Deshalb müssten Schlüssel und Zuschlagsgrößen permanent angepasst werden. Das ist praktisch nicht möglich. Die Vollkostenrechnung erschwert die Planung des Ergebnisses, kann zu Fehlentscheidungen und zum „Verkauf von Kosten" führen.

Die **Teilkostenrechnung** beurteilt den Beitrag der Kostenträger zum Erfolg der Abrechnungsperiode nicht auf der Grundlage der Selbstkosten, sondern bezieht nur die unmittelbar durch die Kostenträger verursachten variablen Kosten in die Beurteilung ein.

Die Verrechnung der Gemeinkosten nach dem System der Deckungsbeitragsrechnung entspricht eher dem Verursachungsprinzip als bei der Vollkostenrechnung. Die Deckungsbeitragsrechnung ermöglicht Entscheidungen hinsichtlich der Gestaltung des optimalen Produktionsprogramms, der Ermittlung der Preisuntergrenze, der Hereinnahme von Zusatzaufträgen, der Ermittlung der Gewinnschwelle und des Make or Buy.

LÖSUNG

## Lösung zu Fall 22                                         **7 Punkte**

a) **Selbstkosten je Stück und Nutzenschwelle**

| | |
|---|---:|
| variable Kosten je Stück | 30,00 € |
| + fixe Kosten = 400.000 € / 40.000 Stück | = 10,00 € |
| = Selbstkosten je Stück | 40,00 € |

$$\text{Nutzenschwelle} = \frac{400.000}{46 - 30} = 25.000 \text{ Stück}$$

Ab einer Fertigung von 25.000 Stück sind außer den variablen Kosten auch die fixen Kosten durch den Verkaufserlös gedeckt.

b) **Gesamtgewinn bei Eigenfertigung und bei Fremdbezug**

Gewinn aus Produkt A:

| | | |
|---|---|---:|
| Erlös aus | 40.000 Stück Produkt A · 46,00 € | 1.840.000 € |
| - variable Kosten | 40.000 Stück · 30,00 € | 1.200.000 € |
| = Deckungsbeitrag | | 640.000 € |
| - fixe Kosten | | 400.000 € |
| = Gewinn aus Produkt A | | 240.000 € |

Zusätzlicher Deckungsbeitrag aus Produkt B bei Eigenfertigung:

| Erlös aus | 20.000 Stück Produkt B · 30,00 € | 600.000 € |
|---|---|---|
| - variable Kosten | 20.000 Stück · 20,00 € | 400.000 € |
| zusätzlicher Deckungsbeitrag | | 200.000 € |

Zusätzlicher Deckungsbeitrag aus Produkt B bei Fremdbezug:

| Erlös aus | 20.000 Stück Produkt B · 30,00 € | 600.000 € |
|---|---|---|
| - variable Kosten | 20.000 Stück · 22,00 € | 440.000 € |
| zusätzlicher Deckungsbeitrag | | 160.000 € |
| Gesamtgewinn bei Eigenfertigung | | 240.000 € |
| | | + 200.000 € |
| | | **440.000 €** |
| Gesamtgewinn bei Fremdbezug | | 240.000 € |
| | | + 160.000 € |
| | | **400.000 €** |

Solange eine Erweiterung der Kapazität nicht erforderlich ist und so keine zusätzlichen Fixkosten anfallen, ist die Eigenfertigung günstiger als der Fremdbezug.

c) **Annahme eines Zusatzauftrags über 6.000 Stück von Produkt A**

| Erlös aus | 40.000 Stück Produkt A · 46,00 € | 1.840.000 € |
|---|---|---|
| - variable Kosten | 40.000 Stück · 30,00 € | 1.200.000 € |
| = Deckungsbeitrag | | 640.000 € |
| - fixe Kosten | | 400.000 € |
| = Gewinn aus 40.000 Stück Produkt A | | 240.000 € |
| Erlös aus Zusatzauftrag | 6.000 Stück · 37,00 € | 222.000 € |
| - variable Kosten | 6.000 Stück · 30,00 € | 180.000 € |
| = Deckungsbeitrag | | 42.000 € |
| - fixe Kosten (keine zusätzlichen) | | 0 € |
| = Gewinn aus 40.000 Stück Produkt A | | 42.000 € |
| **neuer Gesamtgewinn** | | 482.000 € |

Solange durch die Annahme des Zusatzauftrags über 6.000 Stück keine zusätzlichen Kapazitätskosten entstehen und der Erlös je Stück des Zusatzauftrags die variablen Kosten je Stück übersteigt, sollte der Zusatzauftrag angenommen werden.

## Lösung zu Fall 23                                                   5 Punkte

a) Deckungsbeitrag und Beitrag je Einheit zum Gesamtgewinn

| Stückzahl | 1.200 | 1 | 1.200 | 1 |
|---|---|---|---|---|
| Einzelpreis | 230 | 230 | 200 | 200 |
| Verkaufserlös | 276.000 | 230 | 240.000 | 200 |
| - variable Kosten | 144.000 | 120 | 144.000 | 120 |
| **Deckungsbeitrag** | **132.000** | **110** | **96.000** | **80** |
| - fixe Kosten | 120.000 | 100 | 120.000 | 100 |
| **Gewinn/Verlust** | **+ 12.000** | **+ 10** | **- 24.000** | **- 20** |

b) Deckungsbeitrag und Beitrag zum Erfolg bei Einschränkung der Produktion auf 1.000 Einheiten und bei Einstellung der Produktion.

| Stückzahl | 1.000 | 1.000 | keine Produktion |
|---|---|---|---|
| Einzelpreis | 230 | 200 | 0 |
| Verkaufserlös | 230.000 | 200.000 | 0 |
| - variable Kosten | 120.000 | 120.000 | 0 |
| Deckungsbeitrag | 110.000 | 80.000 | 0 |
| - fixe Kosten | 120.000 | 120.000 | 120.000 |
| **Verlust** | **- 10.000** | **- 40.000** | **- 120.000** |

c) Kostensenkung bei fixen und variablen Kosten durch Normung, Prüfung des Materialeinsatzes und der Fertigungskosten auf ihre Notwendigkeit und den Kundennutzen, Wertanalyse, Lagerabbau, Sortimentsbereinigung, Automatisierung der Fertigung, Straffung und Verkleinerung des Fertigungs- und des Verwaltungsbereichs, Auslagerung der Einzelteilfertigung, Mehrschichtbetrieb bei der verbleibenden Fertigung, Modernisierung des Maschinenparks, Just-in-time-Lieferungen, Erweiterung der Produktpalette in eine neue Richtung oder auch Konzentration auf die Kernprodukte, Einstellung qualifizierter Mitarbeiter, aber auch Verkleinerung der Belegschaft, Schaffung neuer Märkte, Erschließung neuer Absatzwege, Kooperation mit anderen Herstellern.

LÖSUNG

## Lösung zu Fall 24                                          10 Punkte

a) **Gesamtkosten je 1.000 Einheiten**

| | |
|---|---:|
| Materialeinzelkosten | 200.000 € |
| + variable Gemeinkosten | 25.000 € |
| Fertigung | 100.000 € |
| + variable Gemeinkosten | 20.000 € |
| Summe variable Kosten für 1.000 Einheiten | 345.000 € |
| variable Kosten für 1 Einheit | 345 € |
| variable Kosten für 1.000 Einheiten | 345.000 € |
| Fixkostenblock | 55.000 € |
| Gesamtkosten bei 1.000 Einheiten | 400.000 € |

b) **Nutzenschwelle**

$$\text{Nutzenschwelle} = \frac{55.000}{445 - 345} = \frac{55.000}{100} = 550 \text{ Einheiten}$$

c) **Gewinnmaximierung**

Das Gewinnmaximum liegt bei der Kapazitätsgrenze.

| | | |
|---|---|---:|
| Erlös | 5.000 Einheiten · 445 € | = 2.225.000 € |
| - variable Kosten | 5.000 Einheiten · 345 € | = 1.725.000 € |
| - Fixkostenblock | | 55.000 € |
| = Gewinnmaximum | | 445.000 € |

d) **Kurzfristige Preisuntergrenze**

Die kurzfristige Preisuntergrenze entspricht den variablen Kosten je Einheit = 345 €.

e) **Optimale Ausbringungsmenge**

Die optimale Ausbringungsmenge liegt an der Kapazitätsgrenze.

| | |
|---|---:|
| 5.000 Einheiten · 345 € | = 1.725.000 € |
| + Fixkostenblock | 55.000 € |
| = Gesamtkosten bei 5.000 Einheiten | 1.780.000 € |
| Gesamtkosten für 1 Einheit | 356 € |

f) **Anzahl Einheiten zur Erzielung von 400.000 € Betriebsgewinn**

| | |
|---|---:|
| Verkaufspreis je Einheit | 445 € |
| - variable Kosten je Einheit | 345 € |
| = Deckungsbeitrag je Einheit | 100 € |

$$\frac{55.000 + 400.000}{100} = 4.550 \text{ Einheiten}$$

LÖSUNG

## Lösung zu Fall 25                                    4 Punkte

Ermittlung der Deckungsbeiträge verschiedener Stufen und des Betriebserfolgs [a) und b)].

| | Erzeugnisgruppe I | | Erzeugnisgruppe II | | |
|---|---:|---:|---:|---:|---:|
| Erzeugnis | A T€ | B T€ | C T€ | D T€ | E T€ |
| Umsatzerlöse | 4.000 | 5.000 | 8.000 | 6.000 | 4.000 |
| - variable Kosten | 2.100 | 3.000 | 4.500 | 3.200 | 2.300 |
| Deckungsbeitrag I | 1.900 | 2.000 | 3.500 | 2.800 | 1.700 |
| - Erzeugnisfixkosten | 200 | 210 | 350 | 300 | 200 |
| **Deckungsbeitrag II** | **1.700** | **1.790** | **3.150** | **2.500** | **1.500** |
| Erzeugnisgruppenfixkosten | 1.000 | | 4.000 | | |
| **Deckungsbeitrag III** | **2.490** | | **3.150** | | |
| Unternehmensfixkosten | 4.200 | | | | |
| **Betriebsgewinn** | **1.440** | | | | |

LÖSUNG

## Lösung zu Fall 26                                    8 Punkte

a) **Verrechnungssatz für die proportionalen Normalgemeinkosten**

| | |
|---|---:|
| Normalgemeinkosten | 30.000 € |
| - fixe Kosten | 12.000 € |
| = variable Kosten | 18.000 € |

$$\text{variabler Normalgemeinkostensatz} = \frac{18.000 €}{3.000 \text{ Std.}} = 6,00 €$$

b) **Verrechnungssatz für die fixen Normalgemeinkosten**

$$\frac{12.000 \, \text{€}}{3.000 \, \text{Std.}} = 4,00 \, \text{€}$$

c) **Normalgemeinkostensatz für die Normalbeschäftigung**

6,00 € + 4,00 € = 10,00 €

d) **Verrechnete Normalgemeinkosten**

10,00 € · 2.700 Std. = 27.000 €

e) **Gesamtabweichung**

27.000 € - 26.000 € = 1.000 €

f) **Beschäftigungsabweichung**

Normalgemeinkosten

= 6,00 € · 2.700 Std. + 12.000 € fixe Kosten

= 28.200 €

| | |
|---|---:|
| verrechnete Normalgemeinkosten | 27.000 € |
| - Normalgemeinkosten | 28.200 € |
| = Beschäftigungsabweichung | - 1.200 € |

g) **Verbrauchsabweichung**

| | |
|---|---:|
| Normgemeinkosten | 28.200 € |
| - Istgemeinkosten | 26.000 € |
| = Verbrauchsabweichung | + 2.200 € |

LÖSUNG

## Lösung zu Fall 27                                                 5 Punkte

a) **Ermittlung des Plankostensatzes**

$$\text{Plankostensatz} = \frac{\text{Plankosten}}{\text{Planbeschäftigung}} = \frac{297.000 \, \text{€}}{30.000 \, \text{Std.}} = 9,90 \, \text{€}$$

b) **Ermittlung der verrechneten Plankosten**

verrechnete Plankosten = Istbeschäftigung · Plankostensatz

= 24.000 Std. · 9,90 €

= 237.600 €

c) **Ermittlung der Abweichung**

| | |
|---|---:|
| Istkosten | 264.000 € |
| - verrechnete Plankosten | 237.600 € |
| negative Kostenabweichung | 26.400 € |

LÖSUNG

## Lösung zu Fall 28                                          2,5 Punkte

a) **Ermittlung des Variators**

$$\text{Variator} = \frac{\text{proportionale Kosten}}{\text{Plankosten}} \cdot 10 = \frac{8.000}{20.000} \cdot 10 = 4$$

b) **Begriff des Variators**

Der Variator drückt das Verhältnis der fixen zu den variablen Kosten aus. Er gibt an, um wie viel Prozent sich die vorzugebenden Kosten verändern, wenn sich der Beschäftigungsgrad um 10 % ändert.

LÖSUNG

## Lösung zu Fall 29                                          7,5 Punkte

Kapazitätsplanung

a) **Plankostenverrechnungssatz**

| | |
|---|---:|
| >Plankosten gesamt | 68.000 € |
| - Plankosten fix | 28.000 € |
| variable Kosten | 40.000 € / 10.000 Stunden = 4,00 € |

b) **Verrechnete Plankosten bei Istbeschäftigung**

Planbezugsgröße = 70 % von 10.000 Stunden = 7.000 Stunden

7.000 Stunden · 4,00 € = 28.000 €

c) **Verbrauchsabweichung**

| | |
|---|---:|
| Istkosten gesamt | 57.400 € |
| - Istkosten fix | 28.000 € |
| Istkosten variabel | 29.400 € |
| - verrechnete Plankosten | 28.000 € |
| negative Abweichung | 1.400 € |

Engpassplanung

a) **Plankostenverrechnungssatz**

Planbezugsgröße = 80 % von 10.000 Stunden = 8.000 Stunden

| | |
|---|---:|
| Plankosten gesamt | 60.000 € |
| - Plankosten fix | 28.000 € |
| variable Kosten | 32.000 € / 8.000 Stunden = 4,00 € |

b) **Verrechnete Plankosten**

8.000 Stunden · 4,00 € = 32.000 €

c) **Verbrauchsabweichung**

$$\text{Istkosten variabel} = \frac{29.400\,€}{7.000\,\text{Std.}} = 4,20\,€$$

| | | |
|---|---|---|
| Istkosten variabel im Engpass | 8.000 Stunden · 4,20 € | = 33.600 € |
| - verrechnete Plankosten | 8.000 Stunden · 4,00 € | = 32.000 € |
| negative Abweichung | | 1.600 € |

**LÖSUNG**

## Lösung zu Fall 30          13 Punkte

a) **Kosteneinflussfaktoren**

Beschäftigungsgrad, Auftragsgröße, Faktorpreise, Betriebsgröße, Transportentfernungen, Umschlagsdauer

b) **Begriffsdefinitionen**

Als **fixe** (gleich bleibende, konstante, zeitabhängige, Struktur-) Kosten wird der Teil der gesamten Kosten bezeichnet, der unabhängig von der Beschäftigung anfällt, sich nicht verändert, wenn mehr oder weniger gefertigt wird. Fixe Kosten entstehen aus der für die betriebliche Leistungserstellung bereitgehaltenen Kapazität.

Als **variable** (veränderliche, Produkt-)Kosten wird der Teil der Gesamtkosten bezeichnet, der in der Höhe des Anfalls vom Beschäftigungsgrad abhängt und sich mit wachsendem oder zurückgehendem Beschäftigungsgrad verändert.

Da die variablen Kosten in den meisten Fällen proportional (im gleichen Verhältnis) zur Leistungsmenge steigen oder fallen, heißen sie oft auch proportionale Kosten.

**Mischkosten** sind jene Kosten, die nicht eindeutig den fixen oder den variablen Kosten zuzurechnen sind. Sie sind teils leistungs- und teils zeitabhängig. Typische Mischkosten sind Wartungs- und Instandhaltungskosten. Bei einem Stillstand des Betriebs fallen zeitbedingte Wartungskosten an. Wird die Produktion wieder aufgenommen, steigen die Wartungs- und Instandhaltungskosten. Strom-, Gas-, Wasser- und Telekommunikationskosten setzen sich jeweils aus einem fixen Grundbetrag (Zähler-, Anschlussgebühr) und einem leistungsabhängigen Betrag je in Anspruch genommener Einheit zusammen.

c) **Kostenanfall für eine Produktionsmaschine**

**Fixe Kosten**: Raumkosten bzw. kalkulatorische Miete, kalkulatorische Zinsen, Versicherungsprämien

**Variable Kosten**: Energieverbrauch, Kosten für den Ersatz von Verschleißteilen

**Mischkosten**: Kalkulatorische Abschreibung, Inspektionen, Wartungskosten

d) **Verfahren der Auflösung von Mischkosten**

Differenzquotientenverfahren:

Grundlage dieser rechnerischen Methode ist der Kostenanfall in der Vergangenheit bei zwei unterschiedlichen Beschäftigungsgraden. Beispiel:

| | |
|---|---|
| 300 Fertigungsstunden verursachen | 3.500 € Gemeinkosten |
| 200 Fertigungsstunden verursachen | 2.500 € Gemeinkosten |
| 100 Fertigungsstunden | 1.000 € Gemeinkosten |

$$\text{proportionale Kosten je Fertigungsstunde} = \frac{1.000\,€}{100\ \text{Std.}} = 10\,€$$

Buchtechnische Methode:

Bei der buchtechnischen Methode wird jede Kostenart empirisch daraufhin untersucht, welcher Anteil der angefallenen Kosten fix und welcher Anteil leistungsbedingt ist.

Grafisches Verfahren:

Die Gesamtkosten unterschiedlicher Beschäftigungsgrade werden in ein Koordinatensystem eingetragen. Durch die streuenden Punkte wird eine Gerade gelegt. Der Schnittpunkt der Geraden mit der Y-Achse gibt die Fixkosten an.

e) **Verhalten der Einzelkosten und der Gemeinkosten**

**Einzelkosten** wie Fertigungsmaterial, Fertigungslöhne sind **immer variable Kosten.**

Gemeinkosten können fixe Kosten sein, z. B. Mieten, zeitanteilige Abschreibung, Gehälter, Beiträge. Gemeinkosten können auch variable Kosten sein, z. B. Energiekosten, Betriebsstoffkosten, Hilfsstoffkosten.

f) **Kostenremanenz**

Bei rückläufiger Beschäftigung können variable Kosten wie Löhne und fixe Sprungkosten, z. B. Gehälter und Abschreibungen, nicht sofort abgebaut werden.

LÖSUNG

## Lösung zu Fall 31     **11 Punkte**

**Gesamtkostenverfahren**

Ist die Absatzmenge größer als die produzierte Menge, liegt eine Bestandsminderung vor. Ist die Absatzmenge geringer als die produzierte Menge, so führt dies zu einer Bestandsmehrung. Bestandsveränderungen werden zu Herstellkosten bewertet.

Umsatzerlöse:

|  |  |  |
|---|---|---|
|  | I 32 Stück · 95.000 € = | 3.040.000 € |
|  | II 16 Stück · 50.000 € = | 800.000 € |
|  | III 22 Stück · 40.000 € = | 880.000 € |

+ Bestandsmehrung:

|  |  |  |
|---|---|---|
|  | II 4 Stück · 40.000 € = | 160.000 € |
|  | III 3 Stück · 28.000 € = | 84.000 € |

= Gesamtertrag:     4.964.000 €

- Herstellkosten:

|  |  |  |
|---|---|---|
|  | I 30 Stück · 60.000 € = | 1.800.000 € |
|  | II 20 Stück · 40.000 € = | 800.000 € |
|  | II 25 Stück · 28.000 € = | 700.000 € |

- Bestandsminderung zu Herstellkosten alt:

|  |  |  |
|---|---|---|
|  | I 2 Stück · 57.000 € = | 114.000 € |

- 28 % Verwaltungs- und Vertriebsgemeinkosten:

|  |  |  |
|---|---|---|
|  | I 30 Stück · 16.800 € = | 504.000 € |
|  | I 2 Stück · 15.960 € = | 31.920 € |
|  | II 16 Stück · 11.200 € = | 179.200 € |
|  | III 22 Stück · 7.840 € = | 172.480 € |

= Selbstkosten:     4.301.600 €

**Betriebsergebnis:**     **662.400 €**

**Umsatzkostenverfahren**

Umsatzerlöse:

|  |  |  |
|---|---|---|
|  | I 32 Stück · 95.000 € = | 3.040.000 € |
|  | II 16 Stück · 50.000 € = | 800.000 € |
|  | III 22 Stück · 40.000 € = | 880.000 € |

= Gesamtertrag     4.720.000 €

- Herstellkosten des Umsatzes:

|  |  |  |
|---|---|---|
|  | I 30 Stück · 60.000 € = | 1.800.000 € |
|  | I 2 Stück · 57.000 € = | 114.000 € |
|  | II 16 Stück · 40.000 € = | 640.000 € |
|  | III 22 Stück · 28.000 € = | 616.000 € |

- 28 % Verwaltungs- und Vertriebsgemeinkosten:

| | | |
|---|---|---:|
| | I 30 Stück · 16.800 € = | 504.000 € |
| | I 2 Stück · 15.960 € = | 31.920 € |
| | II 16 Stück · 11.200 € = | 179.200 € |
| | III 22 Stück · 7.840 € = | 172.480 € |
| = Selbstkosten: | | 4.057.600 € |
| **Betriebsergebnis:** | | **662.400 €** |

**LÖSUNG**

## Lösung zu Fall 32        10 Punkte

a) **Gesamtabweichung**

| | | |
|---|---|---:|
| verrechnete Plankosten | 88 €/Std. · 6.800 Std. | = 598.400 € |
| - Istkosten | 92 €/Std. · 6.800 Std. | = 625.600 € |
| Gesamtabweichung | | - 27.200 € |

Die verrechneten Plankosten decken nicht die Istkosten. Es kommt zu einer Unterdeckung i. H. von 27.200 €.

b) **Verbrauchsabweichung**

| | | |
|---|---|---:|
| Plankosten | 88 €/Std. · 7.200 Std. | = 633.600 € |
| davon 36 % fix | | = 228.096 € |
| davon 64 % variabel | | = 405.504 € |

$$\text{Sollkosten} = 228.096 + \frac{405.504}{7.200} \cdot 6.800$$

$$= 228.096 + 56,32 \cdot 6.800 = 611.072 \text{ €}$$

| | |
|---|---:|
| Sollkosten | 611.072 € |
| - Istkosten | 625.600 € |
| **Verbrauchsabweichung** | **- 14.528 €** |

Die Rechnung bestätigt, dass die Istkosten höher sind als geplant.

c) **Beschäftigungsabweichung**

| | |
|---|---:|
| verrechnete Plankosten | 598.400 € |
| - Sollkosten | 611.072 € |
| **Beschäftigungsabweichung** | **- 12.672 €** |

Die Istbeschäftigung liegt unter der Planbeschäftigung. Dies führt zu Leerkosten aus der nicht in Anspruch genommenen Kapazität.

d) **Nutzkosten und Leerkosten**

| | | |
|---|---|---|
| Leerkosten | 228.096 € / 7.200 Std. · 400 Std. | = 12.672 € |
| Nutzkosten | 228.096 € - 12.672 € | = 215.424 € |
| Summe der fixen Kosten | | 228.096 € |

LÖSUNG

# Lösung zu Fall 33                                                    14 Punkte

a) **Ermittlung des Beschäftigungsgrads**

$$\text{Beschäftigungsgrad} = \frac{\text{Istbeschäftigung} \cdot 100}{\text{Planbeschäftigung}}$$

$$= \frac{48.000 \cdot 100}{64.000} = 75\,\%$$

b) **Auflösung der Plankosten für Material**

Der Variator drückt das Verhältnis der fixen Kosten zu den variablen Kosten aus. Er gibt an, um wie viel % sich die vorzugebenden Kosten bei einer 10 %igen Änderung des Beschäftigungsgrads verändern.

Bei einem Variator von 9 sind 90 % der Gesamtkosten variabel.

Formel:

$$\text{Variator} = \frac{\text{variable Kosten} \cdot 10}{\text{Plankosten gesamt}}$$

$$9 = \frac{\text{variable Kosten} \cdot 10}{4.000}$$

$$\text{variable Kosten} = \frac{9 \cdot 4.000}{10} = 3.600 \,€$$

c) **Ermittlung der Variatoren für Lohn und übrige Kostenarten**

$$\text{Variator für Lohn} = \frac{200 \cdot 10}{1.000} = 2$$

$$\text{Variator für übrige Kostenarten} = \frac{1.000 \cdot 10}{2.000} = 5$$

d) **Ermittlung der Sollkosten**

$$\text{Sollkosten} = \frac{\text{variable Plankosten} \cdot \text{Istbeschäftigung}}{\text{Planbeschäftigung}} + \text{Fixkosten}$$

$$\text{Sollkosten für Material} = \frac{3.600 \cdot 48.000}{64.000} + 400 = 3.100$$

$$\text{Sollkosten für Löhne} = \frac{200 \cdot 48.000}{64.000} + 800 = 950$$

$$\text{Sollkosten für übrige Kosten} = \frac{1.000 \cdot 48.000}{64.000} + 1.000 = 1.750$$

e) **Ermittlung der Istkosten zu Planpreisen**

| | |
|---|---:|
| übrige Kosten als Istkosten zu Planpreisen | = 1.800 € |
| + negative Abweichung | = 100 € |
| = Istkosten zu Planpreisen | = 1.900 € |

f) **Ermittlung der Preisabweichung**

Istkosten zu Istpreisen

- Istkosten zu Planpreisen

= Preisabweichung

g) **Ermittlung der Verbrauchsabweichung**

Istkosten zu Planpreisen

- Sollkosten

= Verbrauchsabweichung

| Kosten-art | Varia-tor | Plankosten | | | Soll-kosten | Istkosten | | Abweichung | |
|---|---|---|---|---|---|---|---|---|---|
| | | fix | variabel | gesamt | | zu Ist-preis. | zu Plan-preis. | Preis | Verbr. |
| Mater. | 9 | 400 | 3.600 | 4.000 | 3.100 | 3.400 | 3.300 | + 100 | + 200 |
| Lohn | 2 | 800 | 200 | 1.000 | 950 | 1.000 | 1.000 | 0 | + 50 |
| übrige | 5 | 1.000 | 1.000 | 2.000 | 1.750 | 1.800 | 1.900 | - 100 | + 150 |
| gesamt | - | 2.200 | 4.800 | 7.000 | 5.800 | 6.200 | 6.200 | 0 | + 400 |

f) **Ermittlung der Beschäftigungsabweichung**

| | |
|---|---|
| Sollkosten | 5.800 € |
| - Plankosten gesamt · 75 % | 5.250 € |
| Beschäftigungsabweichung | + 550 € |

i) **Ermittlung der verrechneten Plankosten**

| | |
|---|---|
| Sollkosten | 5.800 € |
| - Beschäftigungsabweichung | 550 € |
| verrechnete Plankosten | 5.250 € |

j) **Ermittlung der Gesamtabweichung**

| | |
|---|---|
| Preisabweichung | 0 € |
| Verbrauchsabweichung | 400 € |
| Beschäftigungsabweichung | 550 € |
| Gesamtabweichung | 950 € |

Das Ergebnis ist 950 € schlechter als geplant.

LÖSUNG

## Lösung zu Fall 34                                    **7 Punkte**

a) Wesen der Prozesskostenrechnung:

Die **Prozesskostenrechnung** arbeitet nicht mit stellenbezogenen, sondern mit aktivitätsbezo-
genen Gemeinkosten (activity based costing). Bezugsgrößen in den Kostenstellen sind nicht
die Einzelkosten (Werte), sondern die Anzahl der bearbeiteten Vorgänge (Mengen). Die Prozesskostenrechnung ermöglicht eine zweite Sicht der Gemeinkosten: Neben der Kostenkontrolle nach Verantwortungsbereichen (Kostenstellenbetrachtung) kennt sie die Kontrolle
nach Leistungsarten in der Kostenstelle. Sie analysiert die Leistungen der indirekten Bereiche,
zerlegt sie in Teilprozesse und ordnet diesen Aktivitäten die anteiligen Kosten zu. Die Prozesskostenrechnung vermeidet die Gemeinkostenumlage mithilfe von Schlüsseln und die
Verrechnung auf Kostenträger unter Verwendung von Zuschlagssätzen. Sie ermittelt die Kosten nicht in Abhängigkeit vom Output, sondern in Abhängigkeit von den Geschäftsprozessen, die zur Erstellung der Leistung durchlaufen werden. Neben dem Endprodukt wird der
Geschäftsprozess zum Kostenträger.

b) Die Prozesskostenrechnung kann fallweise zur Bestimmung der Kosten eines Prozesses wie
Angebot einholen, Vorfertigungsplatz rüsten usw. oder kontinuierlich zur Überwachung des
Kostenanfalls in Relation zu den Leistungsmengen eingesetzt werden. Da im Fertigungs-
bereich die Maschinenstundensatzrechnung bereits weitgehend die Aufgaben der Prozess-

kostenrechnung übernimmt, ist sie wichtiges Instrument der Kostenzuordnung und Überwachung in den Gemeinkostenbereichen Beschaffung, Verwaltung und Absatz.

c) Die Ziele der Prozesskostenrechnung sind:

– Erhöhung der Genauigkeit der Kostenrechnung,

– Kontrolle des Ressourceneinsatzes,

– kundenorientierte Kostenbeurteilung.

d) Der **Prozesskostensatz** dient der Verrechnung der Gemeinkosten auf die Kostenträger. Es handelt sich um den Quotienten aus Prozesskosten und Prozessmenge.

e) **Leistungsmengeninduzierte** (lmi) Prozesskosten verhalten sich proportional zur Menge der in Anspruch genommenen Kostentreiber, also abhängig von der Bezugsgröße.

f) **Leistungsmengenneutrale** (lmn) Prozesskosten verhalten sich unabhängig von der Menge der in Anspruch genommenen Kostentreiber, also unabhängig von der Bezugsgröße.

g) **Kostentreiber** (Cost Driver) sind die Haupteinflussgrößen der Kostenentstehung. Typische Kostentreiber sind die Anzahl der Angebotspositionen bei dem Prozess „Angebote bearbeiten", die Rüstzeit bei dem Prozess „Vorfertigungsplätze rüsten" oder die Anzahl der Lohnempfänger bei dem Prozess „Bruttolohnrechnung".

LÖSUNG

## Lösung zu Fall 35      **4 Punkte**

Teilprozess 1 = 4.000 / 200 = 20,00 € Teilprozesskostensatz

Teilprozess 2 = 2.400 / 400 = 6,00 € Teilprozesskostensatz

Teilprozess 3 = 4.200 / 600 = 7,00 € Teilprozesskostensatz

LÖSUNG

## Lösung zu Fall 36      **20 Punkte**

Ermittlung des prozentualen Kostenanteils der einzelnen Baugruppen:

| | | |
|---|---|---|
| Baugruppe 1 | 5.000 € | 20 % |
| Baugruppe 2 | 4.000 € | 16 % |
| Baugruppe 3 | 9.000 € | 36 % |
| Baugruppe 4 | 4.000 € | 16 % |
| Baugruppe 5 | 3.000 € | 12 % |
| | 25.000 € | 100 % |

Durch Division des Nutzenanteils durch den Kostenanteil erhält man den Zielkostenindex für die Produktfunktion Betriebssicherheit:

| Baugruppe | Kostenanteil | Betriebssicherheit | Zielkostenindex Betriebssicherheit |
|---|---|---|---|
| 1 | 20 % | 21 % | 1,05 |
| 2 | 16 % | 18 % | 1,13 |
| 3 | 36 % | 12 % | 0,33 |
| 4 | 16 % | 22 % | 1,38 |
| 5 | 12 % | 27 % | 2,25 |

Ermittlung des Zielkostenindexes für den Bedienungskomfort:

| Baugruppe | Kostenanteil | Bedienungskomfort | Zielkostenindex Bedienungskomfort |
|---|---|---|---|
| 1 | 20 % | 15 % | 0,75 |
| 2 | 16 % | 12 % | 0,75 |
| 3 | 36 % | 33 % | 0,92 |
| 4 | 16 % | 18 % | 1,13 |
| 5 | 12 % | 22 % | 1,83 |

Der Gesamt-Zielkostenindex drückt das Gesamtnutzenverhältnis der einzelnen Baugruppen unter Berücksichtigung der unterschiedlichen Gewichtung der beiden Nutzenkategorien aus. Der Gesamtindex entspricht dem Quotienten aus Gesamtanteil durch den Kostenanteil.

| Bau-gruppe | Kosten-anteil | Betriebs-sicherheit | Bedie-nungs-komfort | 70 % von Spalte 3 | 30 % von Spalte 4 | Gesamt-anteil | Gesamtziel-kostenindex |
|---|---|---|---|---|---|---|---|
| 1 | 2 | 3 | 4 | 5 | 6 | 7 | 8 (=7/2) |
| 1 | 20 | 21 | 15 | 14,7 | 4,5 | 19,2 | 0,96 |
| 2 | 16 | 18 | 12 | 12,6 | 3,6 | 16,2 | 1,01 |
| 3 | 36 | 12 | 33 | 8,5 | 9,9 | 18,4 | 0,51 |
| 4 | 16 | 22 | 18 | 15,4 | 5,4 | 20,8 | 1,30 |
| 5 | 12 | 27 | 22 | 18,8 | 6,6 | 25,4 | 2,12 |
| | 100 | 100 | 100 | 70,0 | 30,0 | 100,0 | |

Ein Zielkostenindex > 1 besagt, dass der Kundennutzen der Baugruppe größer ist als ihr Anteil an den Kosten des Produkts. Ein Zielkostenindex < 1 sagt aus, dass die Kosten der Baugruppe in Relation zum Kundennutzen zu hoch sind. Bei den Baugruppen 1 und 3 können deshalb Einsparungen vorgenommen werden, ohne die Marktchancen des Produkts zu gefährden.

Die Baugruppen 2, 4 und 5 werden mit einem günstigen Kosten-Nutzen-Verhältnis hergestellt. Der Kundennutzen dieser Baugruppen kann durch weitere Produktverbesserungen gesteigert werden.

Die Zielkosten von 23.000 € werden im prozentualen Verhältnis der Gesamtnutzenverteilung aufgespalten. Vergleicht man die so ermittelten Zielkosten mit den Istkosten, bleibt eine Überdeckung oder eine Unterdeckung. Eine Überdeckung zeigt das Produktverbesserungspotenzial, die hier vorliegende Unterdeckung das Kosteneinsparungspotenzial von 2.000 €.

| Baugruppe | Istkosten | Zielverteilung | Zielkosten | Deckung |
|---|---|---|---|---|
| 1 | 2 | 3 | 4 | 5 |
| 1 | 5.000 € | 19,2 | 4.416 € | - 584 € |
| 2 | 4.000 € | 16,2 | 3.726 € | - 274 € |
| 3 | 9.000 € | 18,4 | 4.232 € | - 4.768 € |
| 4 | 4.000 € | 20,8 | 4.784 € | 784 € |
| 5 | 3.000 € | 25,4 | 5.842 € | 2.842 € |
|  | 25.000 € | 100,0 | 23.000 € | - 2.000 € |

Spalte 4 = Spalte 3 · 23 000 / 100, Spalte 5 = Spalte 4 - Spalte 2

LÖSUNG

## Lösung zu Fall 37                                   6 Punkte

### a) Aufgaben des Kostenmanagements

Aufgabe des Kostenmanagements ist neben der Vorbereitung und Unterstützung von Entscheidungen die Nutzung des Wissens über die Kosteneinflussfaktoren im Rahmen eines langfristigen Kostencontrollings.

Dazu gehören Analysen, Prognosen sowie die Beurteilung der Angemessenheit von Kosten auch unter Berücksichtigung des Nutzens für den Kunden.

Das Kostenmanagement soll Erfolgsrisiken durch die Sicherung von Kostenvorteilen begrenzen, indem es gezielt Kostensenkungspotenziale aufdeckt.

Aufgaben eines Kostenmanagements sind im Einzelnen die Optimierung

– der Kostenstellenbildung,

– der verursachungsgerechten Kostenzurechnung,

– der Kostentransparenz,

– der Kostenvorgaben und Budgetbildung,

– des Kostenabbaus,

– der Kontrolle des Ressourceneinsatzes,

– des Berichtswesens,

– der Entscheidungen im Rahmen der Verbesserung der Wirtschaftlichkeit.

b) Voraussetzungen für ein wirksames Kostenmanagement sind

- – Planung der Struktur und der Gestaltung der Geschäftsprozesse,
- – Abbildung der Prozesse in der Kostenrechnung,
- – Instrumente, die gezielt zum Abbau von Kosten führen.

LÖSUNG

## Lösung zu Fall 38                                                     5 Punkte

Die Qualitätskriterien eines Kostenrechnungsverfahrens sind:

- ► Transparenz der Kostenverrechnung
- ► Genauigkeit der Kostenverrechnung
- ► Vergleichbarkeit des Kostenanfalls
- ► Wirtschaftlichkeit der Kostenrechnung
- ► Überprüfbarkeit
- ► Abstimmbarkeit mit der Buchhaltung
- ► Kostenkontrolle nach Ort des Anfalls, nach Erzeugnissen, nach Prozessen und nach Abrechnungsperioden
- ► Vollständigkeit der Kostenerfassung und Zurechnung
- ► Hilfe bei Entscheidungen
- ► Aktualität der Ergebnisse

LÖSUNG

## Lösung zu Fall 39                                                     8 Punkte

a) **Erfolgsplanung**

- – Mehrstufige Deckungsbeitragsrechnung
- – Grenzplankostenrechnung
- – Deckungsbeitragsrechnung mit relativen Einzelkosten

b) **Wirtschaftlichkeitsberechnungen im Rahmen der Planung**

- – Deckungsbeitragsrechnung mit relativen Einzelkosten.

c) **Preisfindung**

- – Mehrstufige Deckungsbeitragsrechnung
- – Grenzplankostenrechnung
- – Deckungsbeitragsrechnung mit relativen Einzelkosten

d) **Erfolgskontrolle**

Einstufige Deckungsbeitragsrechnung

- Mehrstufige Deckungsbeitragsrechnung

- Grenzplankostenrechnung

- Deckungsbeitragsrechnung mit relativen Einzelkosten

e) **Kontrolle der Wirtschaftlichkeit**

- Plankostenrechnung

- Einstufige Deckungsbeitragsrechnung

- Mehrstufige Deckungsbeitragsrechnung

- Grenzplankostenrechnung

- Deckungsbeitragsrechnung mit relativen Einzelkosten

- Begrenzt geeignet:

  - Istkostenrechnung

  - Normalkostenrechnung

f) **Nachweis der Selbstkosten**

- Istkostenrechnung

- Normalkostenrechnung

- Plankostenrechnung

g) **Nachweis bei Versicherungsfällen**

- Istkostenrechnung

- Mehrstufige Deckungsbeitragsrechnung

- Deckungsbeitragsrechnung mit relativen Einzelkosten

h) **Vorlage bei Kreditverhandlungen**

- Istkostenrechnung

- Mehrstufige Deckungsbeitragsrechnung

- Grenzplankostenrechnung

- Deckungsbeitragsrechnung mit relativen Einzelkosten

LÖSUNG

## Lösung zu Fall 40                                        17,5 Punkte

Ermittlung der Herstellkosten des Umsatzes:

|  | Istkosten | Normalkosten |
|---|---|---|
| Fertigungsmaterial | 400.000 € | 400.000 € |
| Materialgemeinkosten | 42.000 € | 40.000 € |
| Fertigungslöhne Dreherei | 12.000 € | 12.000 € |
| Fertigungsgemeinkosten Dreherei | 48.000 € | 46.200 € |
| Fertigungslöhne Fräserei | 10.000 € | 10.000 € |
| Fertigungsgemeinkosten Fräserei | 39.000 € | 40.000 € |
| Herstellkosten der Produktion | 551.000 € | 548.200 € |
| - Bestandsmehr. an unfertigen Erzeugnissen | - 81.000 € | - 81.000 € |
| + Bestandsmind. an fertigen Erzeugnissen | 30.000 € | 30.000 € |
| **Herstellkosten des Umsatzes** | 500.000 € | 497.200 € |

Den Betriebsabrechnungsbogen finden Sie auf den folgenden Seiten (in €).

| Kostenarten | gesamt | allgemeine Kostenstellen | |
|---|---|---|---|
|  |  | Pförtner | Fuhrpark |
| Hilfsstoffaufwendungen | 19.997 | 100 | 200 |
| Betriebsstoffaufwendungen | 7.177 | 50 | 300 |
| Fremdinstandhaltung | 1.400 | 0 | 500 |
| Hilfslöhne | 29.694 | 3.994 | 4.500 |
| Gehälter | 49.000 | 0 | 0 |
| Abschreibungen | 63.438 | 1.000 | 6.000 |
| Mieten | 12.800 | 40 | 640 |
| Büromaterial | 2.000 | 0 | 0 |
| Betriebssteuern | 5.494 | 0 | 194 |
| Summe Primärkosten | 191.000 | 5.184 | 12.334 |
| Umlage Pförtner |  | - 5.184 | 216 |
| Umlage Fuhrpark |  |  | - 12.550 |
| Istgemeinkosten | 191.000 | 0 | 0 |
| Normalgemeinkosten | 188.337 |  |  |
| Fertigungsmaterial |  |  |  |
| Fertigungslöhne |  |  |  |
| Herstellkosten des Umsatzes (Ist) |  |  |  |

| | | | |
|---|---:|---:|---:|
| Istgemeinkostensatz | | | |
| Normalgemeinkostensatz | | | |
| Über- bzw. Unterdeckung | - 2.663 | | |
| Qm | 1.600 | 5 | 80 |
| Anzahl Mitarbeiter | 50 | 2 | 2 |
| Schlüssel Fuhrpark | 10 | 0 | 0 |

| Materialbereich | Fertigungskostenstellen | | Verwaltungs-bereich | Vertriebsbereich |
|---|---|---|---|---|
| | Dreherei | Fräserei | | |
| 1.000 | 10.000 | 8.000 | 397 | 300 |
| 300 | 3.000 | 2.600 | 500 | 427 |
| 400 | 300 | 100 | 0 | 100 |
| 10.000 | 5.000 | 3.000 | 3.200 | 0 |
| 12.000 | 4.000 | 4.000 | 14.000 | 15.000 |
| 11.310 | 19.788 | 16.340 | 4.000 | 5.000 |
| 2.400 | 4.000 | 3.480 | 1.200 | 1.040 |
| 500 | 0 | 0 | 800 | 700 |
| 500 | 400 | 400 | 3.000 | 1.000 |
| 38.410 | 46.488 | 37.920 | 27.097 | 23.567 |
| 1.080 | 1.512 | 1.080 | 648 | 648 |
| 2.510 | | | 1.255 | 8.785 |
| 42.000 | 48.000 | 39.000 | 29.000 | 33.000 |
| 40.000 | 46.200 | 40.000 | 29.832 | 32.305 |
| 400.000 | 12.000 | 10.000 | | |
| | | | 500.000 | 500.000 |
| 10,5 % | 400,0 % | 390,0 % | 5,8 % | 6,6 % |
| 10,0 % | 385,0 % | 400,0 % | 6,0 % | 6,5 % |
| - 2.000 | - 1.800 | 1.000 | 832 | - 695 |
| 300 | 500 | 435 | 150 | 130 |
| 10 | 14 | 10 | 6 | 6 |
| 2 | 0 | 0 | 1 | 7 |

## IV. Internes Kontrollsystem

LÖSUNG

### Lösung zu Fall 1                           7 Punkte

Ziele eines IKS:

1. Zuverlässigkeit von betrieblichen Informationen

2. Erhöhte Funktionalität betrieblicher Prozesse

3. Gewährleistung der Aussagefähigkeit der Rechnungslegung

4. Sicherstellung der Einhaltung der bestehenden rechtlichen Vorgaben

5. Schutz des Wissens des Unternehmens

LÖSUNG

### Lösung zu Fall 2                           8 Punkte

Interne Risikoquellen eines Unternehmens können u. a. sein:

1. **Wirtschaftliche Quellen:** Fehlerhafte Jahresabschlüsse, unwahre Lageberichte und verspätete Buchungserfassung

2. **Menschliche Quellen:** Spekulation mit Firmengeldern und Diebstahl

3. **Prozessuale Quellen:** Fehlende Steuerung und Kontrolle führt zu Fehlern in der Produktion

4. **Missbrauch:** Zahlung untertariflicher Löhne und Datendiebstahl zu unternehmenseigenen Zwecken

LÖSUNG

### Lösung zu Fall 3                           4 Punkte

Bei der Umsetzung des Verkaufs in Asien könnte u. a. Korruptionsgefahr bestehen.

Politische Einflüsse und Kollision mit den politischen Interessen von Mitbewerbern aus anderen Staaten können zudem Auswirkung auf die Umsetzung haben.

## Lösung zu Fall 4                                              3 Punkte

Laut § 91 Abs. 2 AktG hat der Vorstand geeignete Maßnahmen einzuführen und ein Überwachungssystem zu erstellen.

## Lösung zu Fall 5                                              6 Punkte

Maßnahmen, um Risiken im Unternehmen entgegenzuwirken:

1. Kein Mitarbeiter kann alleine entscheiden, die Entscheidung muss immer durch eine weitere Person genehmigt werden.

2. Es müssen Leitlinien für das Unternehmen erstellt und die Mitarbeiter hierin entsprechend geschult werden.

3. Außerdem könnte eine Auditierung durch externe Unternehmen durchgeführt werden, um Risiken aufzudecken.

## Lösung zu Fall 6                                              2 Punkte

Nur kapitalmarktorientierte Kapitalgesellschaften müssen die Merkmale des internen Kontroll- und Risikomanagementsystems im Hinblick auf den Rechnungslegungsprozess beschreiben.

## Lösung zu Fall 7                                              7,5 Punkte

Prozess der strategischen Frühaufklärung:

1. Beobachtung der definierten Bereiche und Erfassung der schwachen Signale

2. Analyse der schwachen Signale

3. Relevanzbeurteilung von Frühaufklärungssignalen

4. Formulierung von Reaktionsstrategien

5. Implementierung und Kontrolle des Prozesses

## Lösung zu Fall 8 3 Punkte

Geeignete Methoden und Instrumente der Risikoerkennung sind z. B.:

1. Risikomanagement-Fragebogen

2. SWOT-Analyse

3. Gap-Analyse

## Lösung zu Fall 9 3 Punkte

Maßnahmen zur Sicherung von Betriebsgeheimnissen sind beispielsweise:

1. Versand von verschlüsselten E-Mails

2. Speicherung wichtiger Daten an einem besonders gesicherten Ort

3. Regelmäßig veränderte Passwörter vergeben

## Lösung zu Fall 10 2 Punkte

Beispiele für Frauds:

1. Unterschlagungen

2. Bilanzmanipulationen

## Lösung zu Fall 11 6 Punkte

Der Entwicklungsbereich sollte durch Zutrittskontrolle gesichert sein, damit das Betriebsgeheimnis intern bleibt und die Gäste aus China dort nicht hineinkommen.

Die verantwortlichen Mitarbeiter könnten in Versuchung geführt werden, nicht allein die Interessen des Arbeitgebers zu vertreten. Die Mitarbeiter sollten vorher über die Maßnahmen informiert und instruiert werden.

## Lösung zu Fall 12                                             8 Punkte

1. Bestellwesen: Kennzahl zur Beschaffungshäufigkeit

2. Einkauf: Bezugskostenquote

3. Qualität der Lieferanten: Rückstandsquote

4. Lagerbewertung: Umschlagsdauer

## Lösung zu Fall 13                                             1 Punkt

Die interne Revision ist die geeignete Abteilung zur Überprüfung der Wirksamkeit des IKS.

## Lösung zu Fall 14                                             10 Punkte

Maßnahmen des IKS:

1. **Detektive Kontrollen:** Aufdeckende Maßnahmen zur Prüfung, ob die Vorgänge korrekt ausgeführt wurden, und Vorbeugung von Fehlern.

2. **Zugriffsbeschränkungen:** Regelung des Zugangs zu Daten und Räumen, zur Wahrung der Sicherheit von Daten und Vorbeugung vom Missbrauch der Daten sowie die Vermeidung von Industriespionage.

3. **Funktionstrennungen:** Bearbeitung eines Geschäftsvorfalls durch mehrere Mitarbeiter in aufeinanderfolgenden Schritten; Ziel ist die Aufdeckung von Fehlern und Kontrolle durch eine weitere Instanz

4. **Einheitlichkeit der Berichtstools:** Zurverfügungstellung von vergleichbaren Informationen bei mehreren Unternehmensteilen; Ziel ist der Vergleich und die Einhaltung von gleichen Qualitätsstandards über alle Abteilungen

5. **Präventive Maßnahmen:** Vorbeugende Maßnahmen zur Vermeidung von Fehlern und Einschränkung von Risiken

# STICHWORTVERZEICHNIS

Hier wird auf die Fälle verwiesen.